ALAN KREIDER, ELEANOR KREIDER, PAULUS WIDJAJA

Eine Kultur des Friedens

Dank

Wir möchten uns bei vielen Freunden bedanken, die durch Anmerkungen und Hinweise zur Verbesserung dieses Buches beigetragen haben. Das sind u. a. Stuart Murray Williams vom Anabaptist Network *Großbritanniens, der sich mit dem gesamten Manuskript befasste und dabei half, viele Ideen klarer zu beschreiben; Alastair McKay vom* Bridge-Builders-Programm *des* London Mennonite Centre, *dessen Hinweise zur Konflikttransformation Kapitel 5 verbesserten; und Willard M. Swartley vom* Associated Mennonite Biblical Seminary, *der uns in exegetischen Fragen beriet. Alle verbliebenen Fehler sind ausschließlich den Autoren anzulasten.*

Alan Kreider, Eleanor Kreider,
Paulus Widjaja

Eine Kultur des Friedens

Gottes Vision
für Gemeinde und Welt

NEUFELD VERLAG

Aus dem Englischen von Dr. William Yoder

Die Originalausgabe erschien unter dem Titel: *A Culture of Peace: God's Vision for the Church* bei Good Books, Intercourse, Pennsylvania/USA. © 2005 by Good Books

Abdruck des Textes „Einig und uneinig ... in Liebe!" im Anhang mit Genehmigung der Mennonite Church USA. Übersetzung/Adaption: Frieder Boller

Eine Kultur des Friedens. Gottes Vision für Gemeinde und Welt wurde in Zusammenarbeit mit der Mennonitischen Weltkonferenz veröffentlicht und 2005 als Buch des Jahres ausgewählt. Die Mennonitische Weltkonferenz ist eine internationale Gemeinschaft von Kirchen, deren Wurzeln in der Zeit der Reformation des 16. Jahrhunderts liegen, speziell in der Täuferbewegung. Heute sind knapp 1,5 Millionen Christinnen und Christen Teil dieser Glaubensfamilie; über die Hälfte von ihnen leben in Afrika, Asien oder Lateinamerika. Das Büro der Mennonitischen Weltkonferenz befindet sich in Straßburg: www.mwc-cmm.org

Die Deutsche Bibliothek verzeichnet diese Publikation in der Deutschen Nationalbibliografie; detaillierte bibliografische Daten sind im Internet über http://dnb.ddb.de abrufbar

Bibelzitate, soweit nicht anders angegeben, sind der Übersetzung *Hoffnung für alle*® entnommen, Copyright © 1983, 1996, 2003 by *International Bible Society*®. Verwendet mit freundlicher Genehmigung des Verlages

Umschlaggestaltung: spoon design, Olaf Johannson
Umschlagbilder: © ShutterStock®
Satz: David Neufeld, Schwarzenfeld
Herstellung: GGP Media GmbH, Pößneck

Copyright © der deutschsprachigen Ausgabe 2008 by Neufeld Verlag Schwarzenfeld

ISBN 978-3-937896-63-2, Bestell-Nummer 588 663

Nachdruck und Vervielfältigung, auch auszugsweise, nur mit Genehmigung des Verlages

www.neufeld-verlag.de

Inhalt

Einleitung	7
1. Die Kirche als eine „Kultur des Friedens"	15
2. Friede im Neuen Testament: *Ein Juwel mit vielen Facetten*	25
3. Funktioniert Friede?	47
4. Friede innerhalb der Gemeinde	59
5. Haltungen und Fähigkeiten zum Frieden	77
6. Gottesdienst und Frieden	101
7. Frieden am Arbeitsplatz	125
8. Die Kultur des Friedens zu Kriegszeiten: *Etwas verändern, ohne selbst am Ruder zu sein*	143
9. Die Kultur des Friedens und Evangelisation: *Die Hoffnung in Jesus Christus anbieten*	165
Anhang 1: Einig und uneinig … in Liebe!	184
Anhang 2: Die Lehre vom gerechten Krieg	190
Die Autoren	192

Einleitung

Die Idee zu diesem Buch entstand auf einem Flughafen. An einem verregneten indonesischen Abend im Juli 1993 trafen wir Paulus Widjaja auf dem Flughafen von Semarang. An den folgenden Tagen, als meine Frau Eleanor und ich uns ausführlich mit ihm unterhielten, empfanden wir eine besondere Nähe. Ein Satz von Paulus beeindruckte uns zutiefst: „Wenn die christliche Kirche eine Wirkung auf Indonesien haben soll, muss sie sich der größten Friedensfrage überhaupt zuwenden – der Versöhnung mit den Muslimen."

Teile dieses Buches haben allerdings auch einen englischen Ursprung. Als Eleanor und ich auf das Ende unseres 30-jährigen Dienstes in England zugingen, nahm ich an einer Retraite in einem anglikanischen Benediktinerkloster teil. Dabei las ich die ersten beiden Verse in Philipper 1:

Diesen Brief schreiben Paulus und Timotheus, die Jesus Christus dienen, an alle in Philippi, die an Jesus Christus glauben und ganz zu Gott gehören, an die Leiter der Gemeinde und die Diakone. Wir wünschen euch Gnade und Frieden von Gott, unserem Vater, und unserem Herrn Jesus Christus.

Ich weiß nicht, wie oft ich diesen Abschnitt bereits gelesen hatte, doch auf einmal wurde mir klar: Paulus, der einer Gemeinde schrieb, die er schätzen gelernt hatte, segnete sie zweifach mit „Gnade und Frieden". Gnade und Friede – eine schlagkräftige

Kombination. Ich fragte mich: Wie viele apostolische Briefe beginnen auf diese Art und Weise? Also schaute ich nach und stellte fest, dass fast alle so anfangen. Dann hielt ich inne: Wenn Paulus und Petrus beide ihre Briefe in diesem Sinne eröffnen, müssen sowohl Gnade als auch Friede von großer Bedeutung sein.

Eleanor und ich machten uns also daran, unser Verständnis von Gnade und Frieden zu klären und darüber nachzudenken, wie es im Leben ganz normaler Gemeinden angewandt werden könnte. In unseren Gesprächen mit Gemeinden unterschiedlicher Konfessionen gelangten wir immer mehr zu der Überzeugung, dass die „Friedensbotschaft Gottes" (Apostelgeschichte 10,36) wahr ist – und dass sie eine gute Nachricht ist. Sie lässt sich auf alle Bereiche des Gemeindelebens anwenden, auf das Verhältnis zwischen der Gemeinde und Gott, die Beziehungen untereinander, auf das gottesdienstliche Leben, auf die Haltung, in der Christen ihrer Arbeit nachgehen, wie sie auf Krieg reagieren und ihren Glauben weitergeben.

Wir stellten unsere Überlegungen vielen Gruppen vor, und ihre Reaktionen halfen uns dabei, unsere Gedanken weiterzuentwickeln, und beschenkten uns mit vielen hilfreichen Bildern. Zunächst erschienen Artikel darüber in *Anabaptism Today,* der Zeitschrift des *Anabaptist Network* in Großbritannien.[1] Später wurden sie gesammelt in einer Broschüre mit dem Titel *Becoming a Peace Church* herausgegeben.[2] Nachdem wir in unsere US-amerikanische Heimat zurückgekehrt waren, konnten wir nicht nur vor Gemeinden in den USA, sondern auch in Kanada, Japan, Korea, Taiwan und Hong Kong über dieses Thema sprechen.

Unterdessen promovierte Paulus am *Fuller Theological Seminary* in Kalifornien und kehrte nach Indonesien zurück. Dort wurde ihm eine Herausforderung und Ehre zuteil: Er wurde zum Direktor des *Center for the Study and Promotion of Peace* (Zentrum zur Erforschung und Förderung des Friedens) an der *Duta Wacana Christian University* in Jogjakarta. Rasch entdeckte Paulus, dass seine Vermutungen sich bestätigten: Christen konnten tatsächlich zum Frieden in Indonesien beitragen.

Paulus unterrichtete angehende Pastoren im Friedenstiften; zugleich gab er seine Kenntnisse im Bereich der Konflikttransformation weiter und war persönlich in spannungsreiche Auseinandersetzungen verwickelt, die neben Geschick Glauben und Hoffnung erforderten.

Seit 1993 ist Paulus Vorsitzender des Rates für Frieden der Mennonitischen Weltkonferenz. 2003 folgte ich einer Einladung der Mennonitischen Weltkonferenz nach Jogjakarta, um gemeinsam mit Paulus und Judy Zimmerman Herr, seiner Stellvertreterin, ein Dokument für die Weltversammlung täuferisch-mennonitischer Christen vorzubereiten, der in Bulawayo, Simbabwe, stattfand. Gemeinsam lasen wir die Stellungnahmen der vielen nationalen Kirchen über die Rolle des Friedens im Leben ihrer Gemeinden. Diese Texte inspirierten uns und wir gewannen den Eindruck, dass die weltweite täuferisch-mennonitische Glaubensfamilie dabei ist, eine Friedenskirche zu werden. Und dankbar beobachteten wir, wie Paulus gemeinsam mit seinen Kollegen in Jogjakarta in den Freuden und Mühen des Gnaden- und Friedensstiftens aufblühte.

Im Jahr 2004 trafen Paulus, Eleanor und ich uns in Pennsylvania, USA, um an diesem Buch weiterzuarbeiten. Zu Beginn trugen wir einfach unsere Gedanken zusammen; Eleanor und ich machten uns dabei viele Notizen. Als Ergebnis dieser Gespräche überarbeitete ich die erwähnte Broschüre *Becoming a Peace Church*. Anschließend revidierte Eleanor das Manuskript noch einmal, das wir dann elektronisch auf die Reise zu Paulus nach Indonesien schickten. Paulus war extrem gefordert; er hatte nicht nur neue Kurse zu unterrichten, sondern half auch bei der Lösung von Konflikten. Im Januar 2005 wurde das Zentrum, dessen Direktor er ist, vom Bedarf an Traumatherapie in Folge des gewaltigen Tsunami in der Provinz Aceh geradezu überwältigt. Trotz dieser schwierigen Umstände leistete Paulus hervorragende Arbeit. Er überarbeitete unseren Text und ergänzte nicht nur theologische Aspekte, sondern auch viele Beispiele aus seiner praktischen Erfahrung in Indonesien.

Warum haben wir uns dafür entschieden, von einer „Kultur des Friedens" zu schreiben anstatt von „Friedenskirchen"? Aus drei Gründen: Erstens, weil Denker aus verschiedenen christlichen Traditionen das Leben der Kirche seit einiger Zeit mit dem Begriff „Kultur" beschreiben. Einflussreiche Christen, angefangen mit dem inzwischen verstorbenen Papst Johannes Paul II., haben die Kirche dazu aufgerufen, eine „Kultur des Lebens" zu sein. Andere Autoren haben den Begriff „Kulturen des Friedens" eingeführt.[3]

Zweitens, weil das Wort „Kultur" ein ungemein reicher Begriff ist. Anthropologen verstehen Kultur als ein „Bedeutungsgewebe", worin wir leben und das wir selbst „gesponnen" haben. Das Gewebe von Sprache, Überzeugungen, Institutionen und Praktiken gestattet uns, so zu leben, dass wir gedeihen und uns zuhause fühlen können.[4] Deshalb fragen wir die dynamischen, sich verwandelnden Kulturen, in denen wir leben: Sind sie gastfreundlich? Können wir und andere uns ganzheitlich heimisch in ihnen fühlen? In diesem Buch stellen wir eine Vision der Kirche als eine Kultur des Friedens dar. Wir glauben, dass dies eine Kultur ist, die Gott schafft – eine wohnliche Kultur.

Drittens, weil Kultur aus unseren Geschichten heraus entsteht. Der britische baptistische Theologe Paul S. Fiddes ist überzeugt, dass Kulturen aus Erzählungen entstehen; sie seien verwurzelt „in den Geschichten, die Menschen über sich selbst erzählen".[5] In diesem Buch beschreiben wir die Überzeugungen und Handlungen, die zur Entwicklung von Kulturen des Friedens erforderlich sind.

In den verschiedenen Familien und erst recht Ländern werden nicht die gleichen Geschichten erzählt. Doch für Christen entwickeln sich Überzeugungen und Verhaltensweisen aus einer ergreifenden universellen Geschichte – der Geschichte von Gottes Gnade und Liebe. Sie zieht sich quer durch die hebräischen Schriften und das Neue Testament und findet ihren Höhepunkt in der Menschwerdung, in Leben und Lehre, Tod und Auferstehung von Jesus Christus. Das ist die Geschichte, die Petrus (inzwischen Mitglied der jüdischen Bewegung, die in Jesus den Messias sah) dem heidnischen Soldaten Kornelius erzählte. Dabei nannte er sie die „Friedensbotschaft Gottes" (Apostelgeschichte 10,36). Die Kultur des Friedens, die unser Buch beschreibt, erwächst aus zahlreichen Geschichten aus vielen Teilen des Globus. Aber diese Geschichten sind alle derselben übergreifenden Erzählung untergeordnet.

Letztlich haben wir über „Kulturen des Friedens" geschrieben, weil der Begriff „Friedenskirche" einen begrenzten und privaten Beigeschmack hat – als ob er sich auf Menschen aus historischen pazifistischen Gruppierungen beschränkte. Wir schreiben aus der weltweiten mennonitischen Glaubensfamilie, einer der historischen Friedenskirchen, und viele unserer Geschichten erzählen von mennonitischen Erfahrungen und Bemühungen. Doch die „gute Nachricht" des Friedens, die in Jesaja 52,7 erstmals erwähnt wird, war eine gute Nachricht für das *gesamte* Volk Gottes. Das Evangelium und die Praxis von Friedensstiften, Gottesdienst, Arbeit, Zeugnis und Leben in einer Welt, die sich im Kriegszustand befindet – gehören den Christen aller Traditionen.

Von den Überlegungen und Aktionen von Christen aus den verschiedensten Traditionen haben wir viel gelernt. Wir freuen uns darüber, ein Teil der weltweiten Kirche zu sein! Wir bekennen zugleich, dass wir noch viel von anderen Christen zu lernen haben. Wir haben versucht, dieses Buch in der biblischen Überlieferung zu verwurzeln, die uns alle vereint, und im Evangelium, das uns alle mit Leben erfüllt. In diesem Sinn ist dieses Buch ein Angebot an die weltweite Kirche Jesu Christi.

Wir beten, dass das, was Sie hier lesen – das Ergebnis der Zusammenarbeit eines Indonesiers mit zwei Amerikanern, eines Ehepaares mit seinem Freund – für Sie hilfreich ist. Wir drei haben schon oft gehört, dass das Thema Frieden Probleme in die Gemeinden trägt. Das ist zweifellos wahr. Wir haben aber auch das Empfinden, dass das Evangelium des Friedens, wenn es in alle Bereiche von Leben und Praxis der Gemeinde aufgenommen wird, lebensverändernden Nutzen mit sich bringen kann – eine Friedensdividende! Es erfordert Einfallsreichtum und harte Arbeit, sich das Friedenstiften anzugewöhnen. Und es hat seinen Preis –

Jesus wirklich nachzufolgen, hat stets seinen Preis. Aber es lohnt sich. Kein Wunder, dass in beiden Testamenten der Bibel ständig von der „guten Nachricht des Friedens" die Rede ist!

Wir sind überzeugt, dass die Neuentdeckung des Friedens zur Lebendigkeit der Kirche beiträgt. Doch was ist dazu erforderlich? Die folgenden Kapitel vermitteln beides, eine Vision sowie eine Vielzahl praktischer Vorschläge. Jedes Kapitel ließe sich beliebig ausweiten – wir haben gerade erst begonnen, uns der Herausforderung zu stellen, heute Kulturen des Friedens zu sein. Wir laden Sie ein, Beispiele und Ergänzungen hinzuzufügen, während Ihre Gemeinde das Abenteuer entdeckt, *sowohl* Gnade *als auch* Frieden zu lehren und zu leben.

Ich wünsche euch nun von Herzen, dass Gott selbst euch hilft, das Gute zu tun und seinen Willen zu erfüllen. Er ist es ja, der uns seinen Frieden schenkt. ... Jesus Christus wird euch die Kraft geben, das zu tun, was Gott gefällt (Hebräer 13,20–21).

Alan Kreider
Elkhart, Indiana/USA
Pfingsten 2005

Anmerkungen

1 Alan Kreider, „Is a Peace Church Possible?"; „Is a Peace Church Possible? The Church's ‚Domestic' Life"; „Is a Peace Church Possible? The Church's ‚Foreign Policy' – Worship"; „Is a Peace Church Possible? The Church's ‚Foreign Policy' – Work, War, Witness", in: *Anabaptism Today,* Ausgaben 19–22 (1998–1999).

2 London, New Ground, 2000.

3 Johannes Paul II., Enzyklika „Evangelium vitae" [Evangelium des Lebens] (1995), http://www.vatican.va/edocs/DEU0073/_INDEX.HTM; Elise Boulding, *Cultures of Peace – The Hidden Side of History* (Syracuse, NY, Syracuse University Press, 2000); Fernando Enns, Scott Holland, und Ann Riggs (Hrsg.), *Seeking Cultures of Peace – A Peace Church Conversation* (Telford, PA, Cascadia Publishing House, 2004).

4 Clifford Geertz, *The Interpretation of Cultures – Selected Essays* (New York, Basic Books, 1973), 5.

5 Paul S. Fiddes, „The Story and the Stories, Revelation and the Challenge of Postmodern Culture", in Paul S. Fiddes (Hrsg.), *Faith in the Centre – Christianity and Culture* (Oxford, Regent's Park College, with Macon, GA, Smyth & Helwys, 2001), 77.

1. Die Kirche als eine „Kultur des Friedens"

Kann „Friede" die Kultur der Kirche beschreiben?

Wenn jemand Sie nach Ihrer Gemeinde fragt, was antworten Sie dann? „Die ist in der Nähe vom Supermarkt." „Die Gottesdienste bringen einem wirklich was, Woche für Woche." „Die Mitglieder haben mir geholfen, als ich meinen Job verlor." „In meiner Gemeinde darf ich ich selber sein, weil auch andere sich offen und verletzlich zeigen."

Vielleicht fallen unsere Erfahrungen mit Gemeinde auch weniger ermutigend aus. „Unsere Gemeinde ist gerade ziemlich angespannt." „Bei uns gibt es Gruppen, die nicht miteinander reden." „Mit der realen Welt haben unsere Gottesdienste nicht viel zu tun ..."

Ganz gleich, ob unsere Erfahrungen positiv oder negativ sind, ist es doch eher unwahrscheinlich, dass wir unsere Gemeinde mit dem Wort „Frieden" beschreiben. Vielleicht überkommt uns ein Gefühl des Friedens, wenn wir zur Kirche gehen. Aber den meisten von uns würde es wahrscheinlich nicht einfallen, unsere Kirche als eine „Kultur des Friedens" zu bezeichnen.

Doch genau so haben viele Christen der ersten Jahrhunderte über ihre Gemeinden gedacht. Der Lehrer Justinus, der im Rom des zweiten Jahrhunderts aufgrund seines Glaubens umgebracht wurde, formulierte ein frühchristliches Verständnis, indem er festhielt, dass Jesaja 2,2–4, die Stelle, wo der Prophet das Verwandeln von Schwertern zu Pflugscharen voraussieht, bereits in der Gemeinde ihre Erfüllung gefunden habe. Die Christen sind zu Jesus gekommen, um zu lernen, wie man leben soll. Justinus hat über ihre Erfahrungen berichtet:

> „Obwohl wir uns so gut auf Krieg, Mord und alles Böse verstanden hatten, haben wir alle auf der weiten Erde unsere Kriegswaffen umgetauscht, die Schwerter in Pflugscharen, die Lanzen in andere Ackergeräte, und züchten Gottesfurcht, Gerechtigkeit, Menschenfreundlichkeit, Glaube und Hoffnung, welche vom Vater selbst durch den Gekreuzigten gegeben ist."[1]

Züchten, kultivieren bedeutete für Justinus das Erschaffen einer Kultur. Justinus wusste, dass Gott durch die Sendung des gekreuzigten Erlösers Jesus etwas Neuartiges für die Menschheit getan hatte. Gott hatte es veranlasst, dass sich Menschen aus vielen Nationen zu Jesus hingezogen fühlten. Er war das neue Jerusalem und aus ihm entstand eine neue Lebensvision. Das Ergebnis war ein Volk des Friedens, das aus ehemaligen Feinden bestand. Menschen aus den verschiedensten Stämmen und Nationen, die einander einst gehasst hatten, teilten nun ihr Leben. Sie zerstörten, was sie getrennt hatte, und schufen eine Kultur der Gerechtigkeit, des Glaubens und der Hoffnung.

Justinus wusste, dass das Leben der grenzüberschreitenden Kirche bewies, dass Jesus der Messias tatsächlich Frieden gebracht hatte, der schon jetzt erfahren wurde. Justinus wiederholte ständig, Jesaja 2,2–4 ist in der Gemeinde erfüllt worden. Menschen sind verändert worden. Sie haben ihre Werkzeuge der Feindschaft umgeschmiedet, um eine Kultur des Friedens schaffen zu können. Für Justinus, ebenso wie für Irenäus von Lyon, Tertullian, Origenes und andere frühkirchliche Denker, ist der göttliche Friede, den Jesaja voraussagte, durch Christus verwirklicht worden. Der Beweis dafür ist die Kirche selbst.[2]

Apostelgeschichte 10 und der Ursprung der Kirche als „Kultur des Friedens"

Woher hatte Justinus diese Vorstellung? Aus den Anfängen der Kirche in der Apostelgeschichte. Der Apostelgeschichte zufolge war die Entstehung der Kirche das Ergebnis der friedensschaffenden Tätigkeit Gottes.

Pfingsten brachte Juden aus vielen Teilen der antiken Welt mit zahlreichen Muttersprachen zusammen (Apostelgeschichte 2,9–11). Pfingsten verwandelte das sprachliche Chaos von Babel (1. Mose 11,1–9) in Frieden und Eintracht. In Babel hatte Gott die Menschen auf chaotische Art und Weise über den ganzen Erdboden verteilt; zu Pfingsten vereinte Gott Menschen von überall auf der Erde in Frieden und Harmonie. In Babel hatte Gott die Menschen in viele voneinander getrennte Gruppen aufgeteilt; zu Pfingsten vereinte Gott Menschen, die bisher getrennt waren, in einen Leib. In Babel konnten sich die Menschen nicht verständigen, weil sie plötzlich unterschiedliche Sprachen sprachen; zu Pfingsten konnten die Menschen aus den verschiedensten Sprachgruppen einander nicht verstehen.

Das soll nicht heißen, dass es in der frühen Jerusalemer Gemeinde keine Spannungen gegeben hätte. Trotz des Pfingstereignisses blieben zwei deutlich erkennbare jüdische Kulturgruppen erhalten: die Hellenisten und die Hebräer (Apostelgeschichte 6,1–6). Sie erlebten sowohl Streit als auch Einheit in Jesus dem Messias.

Doch die wirklich große Herausforderung für die Urgemeinde lag in der Beziehung zwischen Juden und Heiden. Die ersten Christen waren der Ansicht, in Jesus Christus habe Gott seine Verheißung an Abraham erfüllt, alle Völker zu segnen (1. Mose 12,3). Das hatte zur Folge, dass die Juden und ihre Feinde – die Heiden – in einem „Friedensbündnis" (Epheser 4,3) versöhnt werden konnten. Ein göttlicher Eingriff war erforderlich gewesen, um diesen Prozess auf den Weg zu bringen. Die Geschichte dieses Eingreifens zeigt auf, wie zentral der Friede für die Urchristen war.

In Apostelgeschichte 10 werden die Schlüsselereignisse aufgezählt. Sie sind uns heute dermaßen vertraut, dass sie uns nicht mehr überraschen. Doch Petrus muss damals sehr überrascht gewesen sein. Er befand sich gerade in Cäsarea (10,24ff). Und wer war Petrus eigentlich? Ein Jude aus Galiläa, dessen Freund Jesus nur kurz zuvor von der römischen Besatzungsmacht als Verbrecher gekreuzigt worden war. Wo befand sich Petrus? Er befand sich an einem für einen Juden gefährlichen Ort. Als Hauptquartier der römischen Besatzung in Palästina war Cäsarea voller Soldaten und Gewalt. Als heidnische Stadt quoll sie über vor Heiden, Götzenbildern und unkoscherem Essen. Petrus und seine Freunde waren Juden, die Freunde eines gekreuzigten Mannes, die sich inmitten ihrer Feinde befanden. Sie waren umgeben von Heiden, die ihr Land unterdrückten, ausbeuteten und sich in den Gottesdienst im Tempel einmischten. Petrus und seine Freunde hätten niemals erwartet, sich eines Tages im Haus eines römischen Offiziers wie Kornelius wiederzufinden.

Doch Gott war im Haus des Feindes in Cäsarea am Werk. Plötzlich machte es bei Petrus klick. Er hörte Kornelius zu und erinnerte sich an die Vision vom reinen und unreinen Essen, die Gott ihm gegeben hatte.

Aus dieser Vision zog Petrus die Lehre, dass traditionelle religiöse Gesetze Gott nicht davon abhalten können, sein versöhnendes Werk zu vollbringen. Petrus war sehr wohl bekannt, dass es Juden nach dem jüdischen Gesetz untersagt war, mit Heiden zu verkehren oder sich auch nur auf ein Gespräch mit ihnen einzulassen. Doch Gott hatte ihm gezeigt, dass solche Gesetze nicht länger ihren Sinn hatten und das Hindernis irrelevant geworden war (10,28). Seit dem Kommen Jesu Christi, des Friedefürsten, war das herkömmliche Versöhnungsmuster auf den Kopf gestellt worden. Nach der alten Tradition erfolgte zuerst die Versöhnung und anschließend die Akzeptanz. Deshalb mussten die Menschen Gott zuerst ein Opfer bringen, noch vor der Versöhnung. Erst danach konnte Gott sie in seine Arme schließen. Aber Jesus machte immer wieder klar, dass die Annahme der Versöhnung vorausgeht. Dass Gott Kornelius bereits angenommen hatte, öffnete Petrus die Augen und machte ihn versöhnungsbereit. Wie Gott selbst Kornelius angenommen hatte, sollte nun auch Petrus ihn annehmen.

Dann hatte Petrus ein Aha-Erlebnis. Er sagte: *Jetzt erst habe ich richtig verstanden, dass Gott niemanden wegen seiner Herkunft bevorzugt oder benachteiligt* (10,34). Das sagt ein Jude! Fortan wird es nicht Mitglieder und Außenstehende geben, nicht reine Juden und unreine Heiden, getrennt durch eine unüberwindbare Mauer. Gott hat einen großen Plan. Aufgrund des Werkes von Jesus, das der Heilige Geist bestätigt hat, wird sich Gottes Volk nicht länger auf Juden beschränken. Es wird aus Menschen aller Nationen bestehen – Juden *und* Heiden.

Stellen Sie sich vor, wie schnell Petrus' Gedanken wohl ratterten, wie inständig er gebetet haben muss, während er versuchte, sich das Ganze zusammenzureimen. Instinktiv wollte er Kornelius von Jesus erzählen (10,36ff). Er sagte ihm, Gott habe eine Botschaft geschickt, die Jesus der Messias überbracht habe, *die Friedensbotschaft Gottes, die er dem Volk Israel durch Jesus Christus mitgeteilt hat*. (Im Griechischen steht, dass Jesus „mit dem Frieden evangelisierte".) Hier sprach Petrus zu einem Besatzungssoldaten über den Frieden. Das römische Reich verkündete: „Cäsar ist Gott." Doch Petrus behauptete, mitten auf einem römischen Stützpunkt, dass Jesus und nicht Cäsar „Herr über allem" sei. Er fuhr fort und erzählte Kornelius vom Leben Jesu, von seinem Tod und der Auferstehung. Dass die Folge davon sei, dass es nun Vergebung und Zugehörigkeit für alle – ob Mitglieder oder Außenstehende – gibt, *wenn sie nur Ehrfurcht vor ihm* [Gott] *haben und so leben, wie es ihm gefällt* (10,35).

Was könnte Jesus gemeint haben, als er die „Friedensbotschaft Gottes" verkündete? Das wird sich Petrus wohl überlegt haben. Petrus wird an die alttestamentlichen Prophezeiungen gedacht haben, vor allem an Jesaja 52,7, wo der friedensbringende „Bote, der über die Berge kommt" angekündigt wurde. Er wird sich daran erinnert haben, dass diese Stelle Jesus besonders am Herzen lag.[3] Petrus hat sicher auch über das Leben Jesu nachgedacht. Jesus hatte vom großartigen Plan Gottes erzählt – einem Plan nicht nur für die Juden, sondern für Menschen aller Nationen. Jesus hatte mit Sündern und Außenseitern Gemeinschaft gepflegt, mit Kindern und Frauen und sogar mit feindlichen Soldaten. Er hatte die ungewöhnlichsten Leute zusammengeführt. Damit hatte er Privilegien gefährdet. Er sei nicht gekommen, sagte er, um den Frieden zu bringen, sondern Entzweiung (Lukas 12,51; Matthäus 10,34). Da er die Voreingenommenheit der Menschen ins Wanken brachte und mit souveräner Wahrhaftigkeit handelte, schaffte sich Jesus Feinde. Sie intrigierten gegen ihn und kreuzigten ihn schließlich.

Doch Jesus hatte den Menschen stets einen anderen Weg angeboten. Es war ein radikalerer Weg, der politischen Krise Palästinas beizukommen, als sich irgend jemand vorstellen konnte: indem er nun auch Römer neben Juden der Familie Gottes von Vergebung und Versöhnung hinzufügte. Matthäus und Lukas halten fest, *dass Jesus der Lehre über die Feinde einen herausragenden Platz einräumte*. In Matthäus 5,43ff stellt diese Lehre den Gipfel der Antithesen der Bergpredigt dar; in Lukas 6,27ff tritt sie als die erste ethische Lehre Jesu auf. In beiden Fällen ist die Botschaft die gleiche. „Liebt eure Feinde, betet für sie", sagte er.

Jesus selbst hatte einen Volksfeind, einen römischen Hauptmann, empfangen und dessen Glauben bewundert. Jesus sehnte sich nach der Zeit, in der sich Menschen aus Ost und West mit den direkten Nachkommen Abrahams um einen Tisch im Reich Gottes versammeln würden (Matthäus 8,11).

Der Weg Jesu war umstritten. Manchen war er völlig unverständlich; andere empfanden ihn als bedrohlich. Als Jesus auf die Stadt Jerusalem schaute (Lukas 19,41ff), weinte er, weil die Menschen nicht erkannt hatten, „was dir Frieden bringt". Die Leute lehnten seine Ankündigung der guten Nachricht des Friedens ab. Also sagte Jesus voraus, dass „ihre Feinde" (die Römer) einfallen, Belagerungsmaschinen um Jerusalem herum aufstellen, die Stadt zerstören und ihre Kinder töten würden. Einige Jahre später, im jüdischen Krieg von 66 bis 70 nach Christus, ist es tatsächlich so gekommen. Mit großer Brutalität zerstörten die Römer Jerusalem und seinen Tempel, töteten Unzählige und lösten eine Identitätskrise der Juden aus.

Doch hier, im feindlichen Cäsarea am heidnischen Rand der jüdischen Welt, begann etwas Neues. Petrus behauptet, durch seinen Tod an einem römischen Kreuz habe Jesus seinen Feinden die Sünden vergeben und Frieden gestiftet. Und das war noch nicht alles: In der Auferstehung habe Gott seinen Sohn zum „Herrn über alle" (Apostelgeschichte 10,36) erklärt. Gott rechtfertigte die „Torheit" seines friedenstiftenden Sohnes. Damit erklärte Gott den Weg des Friedens, den sein Sohn Jesus Christus vorgelebt hatte, zum wahren Weg des Lebens. Als Petrus sprach, äußerte der Heilige Geist ein lautes „Amen" und goss die gleichen geistlichen Gaben auf die Außenstehenden, die den Mitgliedern bereits zuteil geworden waren (Apostelgeschichte 10,44). Durch das Handeln Gottes in Christus und die wirksame Gegenwart des Heiligen Geistes wird Friede zwischen verfeindeten Menschen möglich. Also tat Petrus in Cäsarea das, was Jesus wollte. Vom Heiligen Geist geleitet, schloss Petrus Frieden mit einem Römer. Die Völker von Petrus und Kornelius steuerten auf einen Krieg zu. Aber in Jesus, dem Messias, fanden sie als Brüder zueinander.

Petrus und Kornelius bilden den Kern eines die Nationen übergreifenden Volkes des Friedens. Künftig wird Gottes Familie multikulturell und multiethnisch sein. Sie wird aus Menschen aller Nationen bestehen, die „Gott fürchten und Gerechtigkeit üben" – und die offen sind für Gottes Werk der Vergebung und Versöhnung. Diese Familie wird eine Hausgemeinschaft des Friedens sein, wo unversöhnte Feinde zueinander finden, wo Leute ohne Vergebung eben diese finden und wo sie gemeinsam einen Auftrag empfangen: die „gute Nachricht des Friedens" allen Völkern zugänglich zu machen.

Gerne würden wir erfahren, was danach geschehen ist! Blieb Kornelius in der Armee oder verließ er sie? Wie haben seine Freunde und Verwandten reagiert? Wir wissen es nicht. Über die Zukunft von Petrus wissen wir ein wenig mehr. Er musste sein unerhörtes Verhalten vor den Kirchenältesten in Jerusalem rechtfertigen (Apostelgeschichte 11,1–18). Später begab er sich nach Rom, wo er zur Gründung einer multiethnischen Gemeinde beitrug und Berichten zufolge mit dem Kopf nach unten gekreuzigt wurde.[4]

In Cäsarea war dieses Ereignis keine Nachricht ersten Ranges. Es wurde kaum beachtet und fand im Verborgenen statt, wie es bei bedeutenden Entwicklungen oft geschieht. Doch für das Leben der Kirche bedeutete es einen historischen Durchbruch. An dieser Stelle kommen wir – alle Christen ohne jüdische Eltern – erstmals in der Geschichte vor. Kornelius, der feindliche Außenstehende, den Gott durch das friedenstiftende Werk Christi in einen Bruder verwandelte, ist unser Vorgänger. Ist es nicht faszinierend, dass Gott ausgerechnet einen Soldaten, und zwar einen feindlichen, für diese Rolle auserwählte?

Was in Cäsarea ins Rollen kam, war sehr entscheidend. Darum ist es nicht überraschend, dass die neutestamentlichen Schreiber eine messianische Kultur des Friedens entwickelten, die übereinstimmt mit dem, was Gott in Cäsarea tat und Petrus sagte. Diese Kultur ist sowohl theologisch als auch praktisch. Im zweiten Kapital wenden wir uns dieser Kultur des Friedens zu.

Anmerkungen

1 Justinus, *Dialog mit dem Juden Tryphon*. Aus dem Griechischen übersetzt von Philipp Hauser. Bibliothek der Kirchenväter, 1. Reihe, Band 33 (Kösel, Kempten und München 1917) 110.2–3.

2 Irenäus von Lyon, *Adversus haereses* (Herder Verlag, Freiburg 1992ff.) 4.34.4; Tertullian, *Adversus Marcionem* 3.21; Origenes, *Contra Celsum* 5.33; *Didascalia Apostolorum* 6.5.

3 Willard M. Swartley, *Covenant of Peace – Restoring the Neglected Peace in New Testament Theology and Ethics* (Grand Rapids, Eerdmans, 2006).

4 Eusebius von Cäsarea, *Kirchengeschichte* (Wissenschaftliche Buchgesellschaft, Darmstadt ⁵2006) 2.25.6.

2. Friede im Neuen Testament: Ein Juwel mit vielen Facetten

Die Geschichte von Petrus und Kornelius in Apostelgeschichte 10 beschreibt einen Durchbruch. Und sie ist erhellend. Sie zeigt uns Gott am Werk; er tut das, was ihm besonders wichtig ist – Frieden schaffen. In dieser Geschichte erkennen wir viele Facetten des friedenstiftenden Handelns Gottes. Diese Facetten sind so wichtig, dass sich auch andere neutestamentliche Schreiber damit befassen.

Friede ist in Gottes Wirken und Willen zentral

Das war Petrus klar, als er sich in Apostelgeschichte 10 mit Kornelius unterhielt. Das wird durch die Art deutlich, wie er Jesus vorstellte: *Ihr kennt die Friedensbotschaft Gottes, die er dem Volk Israel durch Jesus Christus mitgeteilt hat* (10,36, mit Anspielung auf Jesaja 52,7). Es ist auch darin sichtbar, wie Petrus darauf reagierte, dass Gott hier offenbar die falsche Person – den Feind – benutzte. Und Friede zieht sich zentral durch das ganze Neue Testament hindurch. Warum war der Friede den ersten Christen so wichtig? Weil sie in ihrer Dankbarkeit und Ratlosigkeit klar kommen mussten mit dem, was Gott getan hatte. Durch das Wirken Christi und die Kraft des Heiligen Geistes hatte Gott trotz unterschiedlicher Rassen und Herkunft einen Leib aus ihnen geschaffen. Sie erkannten, was bei späteren Christen leicht in Vergessenheit geriet: Unser Ursprung als Gemeinde Jesu Christi wurzelt in übernatürlicher Versöhnung.

Wie stellen die neutestamentlichen Verfasser die zentrale Stellung des Friedens im Wirken und Willen Gottes dar? Indem sie bestimmte Begriffe verwenden und indem sie eine Theologie entwickeln.

Begriffe

Wiederholt nennen die neutestamentlichen Christen Gott einen „Gott des Friedens". Routinemäßig nennen sie die gute Nachricht „das Evangelium des Friedens".[1] Im Neuen Testament ebenso wie in den hebräischen Schriften findet Friede sich buchstäblich überall. Gott hat uns durch den Glauben gerechtfertigt und uns Frieden mit ihm geschenkt. Durch das Werk Christi am Kreuz hat Gott Frieden zwischen uns und Gott gestiftet (Römer 5,1.10). Gott hat uns zum Frieden berufen (1. Korinther 7,15); wir sollen den Frieden Gottes erkennen, „der all unser Verstehen übersteigt" (Philipper 4,7). Zwei Autoren des Neuen Testaments bitten ihre Freunde eindringlich, „Frieden mit jedem Menschen anzustreben" (Hebräer 12,14; 1. Petrus 3,11). Und zahlreiche Briefen eröffnet Paulus, wie auch Petrus und Johannes, mit dem Ausdruck „Gnade und Frieden mit euch" – eine schlagkräftige Kombination.

Theologie

Im zweiten Kapitel seines Briefes an die Christen in Ephesus befasst sich Paulus mit Gnade und Frieden und stellt sie als miteinander verwobene, einander bedingende wesentliche Themen des Neuen Testaments dar. Versuchen wir, die Verse 11–22 mit den Ohren von Kornelius, einem Außenstehenden und Heiden, zu hören.

> „Erinnere dich daran, Kornelius, dass ihr Heiden anders wart als wir jüdischen Zugehörigen. Ihr wart Außenseiter. Ihr gehörtet nicht zum Bundesvolk Israel; ihr wart Fremdlinge, ohne Gott und ohne Hoffnung (Vers 11–12). Aber durch das Blut Christi wurdet ihr heidnischen Außenstehenden uns nahegebracht. Jesus ist unser Friede. Er hat die Mauer niedergerissen, die Mitglieder von Außen-

stehenden trennte. Jesus hat der Feindschaft ein Ende gesetzt. Jesus hat ‚mit dem Frieden evangelisiert' (Vers 17, der gleiche Ausdruck wie in Apostelgeschichte 10,36), unter Außenseitern ebenso wie unter Zugehörigenn. Und er starb am Kreuz, gab damit sein Leben für andere hin, versöhnte uns alle mit Gott, uns jüdische Zugehörige ebenso wie euch heidnische Außenstehende (Vers 16). Aus Gnade tat Gott das Unmögliche: Durch Jesus zerstörte Gott die Mauer der Feindschaft, die euch heidnische Außenstehende von uns jüdischen Zugehörigen trennte. Über die zerstörte Mauer hinweg ist ‚eine neue Menschheit' entstanden, die aus ehemaligen Feinden besteht. Diese neue Menschheit ist die Gemeinde, die Hausgemeinschaft Gottes. Darum handelt es sich, Kornelius, beim Friedenstiften (Vers 15). Das ist etwas anderes als der römische Friede (*Pax Romana*, die Herrschaftsideologie des römischen Reiches); dieser Friede greift viel tiefer. Im Frieden Christi (*Pax Christi*) werden ehemalige Feinde mit Gott versöhnt; sie werden zu Brüdern und Schwestern in der Familie Gottes."

Petrus wie auch die Christen in Ephesus hatten gewusst, dass die Kirche, wo auch immer, eine Friedenskirche war. Gott hatte die Mauer niedergerissen – die Mauer, die trennte, Stereotypen schuf und Gemeinschaft verhinderte.

In Christus ist Gott dabei, eine neue Menschheit zu schaffen. Christus ist unser Friede. Darum war in der Gemeinde in Ephesus Friede nicht das selbstgewählte Anliegen einzelner Glieder. Nein – in Ephesus gab es eine Kultur des Friedens, in der der Friede allen Gliedern wichtig erschien. Warum? Weil der Friede, den sie kannten, in ihrer christlichen Grunderfahrung von Vergebung und Versöhnung in Christus wurzelte. Friede ist, damals wie heute, in Gottes Wirken und seinem Willen zentral.

Friede steht im Mittelpunkt der göttlichen Mission

Denken Sie an Petrus und Kornelius am Tag ihres Durchbruchs in Cäsarea. Hatte nicht Gottes wundersame Aktion, vom Heiligen Geist bestätigt, ihnen vollkommen klar gemacht, dass der Friede im Zentrum der göttlichen Mission steht?

In Cäsarea, Apostelgeschichte 10, war Gott am Werk. Die Juden empfanden Cäsarea als einen widerlichen Ort, eine römische Garnisonsstadt. Sie war der Mittelpunkt römischer Militärmacht. Die römischen Soldaten waren kriegsgestählte Besatzungstruppen, als Werkzeuge göttlichen Wirkens denkbar ungeeignet. Doch in den Augen Gottes ist kein Mensch unerreichbar. Es mag Menschen geben, die wir als Mitmenschen nicht erreichen können. Doch sie sind sicherlich niemals außerhalb der Reichweite Gottes. Ehe Petrus Kornelius begegnete, war Gott ihm vorausgeeilt und hatte Kornelius bereits erreicht. Petrus ist lediglich dem Pfad gefolgt, den Gott bereits geschlagen hatte. Petrus hatte keine eigene Mission – seine Mission war die Mission Gottes.

In Cäsarea vollbrachte Gott etwas völlig Unerwartetes. Er rührte die Herzen der Feinde an und schenkte ihnen den Wunsch, Gott kennenzulernen. Das Ergebnis war, dass er jüdische Gläubige wie Petrus dazu berief, ihr Weltbild und ihre Prioritäten zu ändern. In Cäsarea war Gott am Werk, und das bedeutete für alle, sich zu ändern. Am Rande, im Dunkeln, an einem gefährlichen und riskanten Ort begann Gott etwas Kleines, das groß werden sollte: die weltweite Kirche.

An dieser Stelle, und überhaupt im Neuen Testament, ist Gottes Mission von gewaltigem Ausmaß. In Matthäus 8,11 erkannte Jesus Gottes Wirken in einem anderen Hauptmann und freute sich auf den Tag, an dem *viele Menschen aus aller Welt kommen werden und mit Abraham, Isaak und Jakob im Himmel das Freudenfest feiern*. In Offenbarung 7,9 sah Johannes der Seher *eine riesige Menschenmenge, so groß, dass niemand sie zählen konnte. Die Menschen kamen aus allen Nationen, Stämmen und Völkern*, und beteten das Lamm Jesus an. Gottes Mission im Neuen Testament und darüber hinaus besteht darin, diese „eine neue Menschheit" herbeizuführen, die friedlich miteinander isst und gemeinsam das Lamm anbetet.

Das ist von Anfang an Gottes Sendung. Doch den Menschen war nicht immer klar, was das bedeutet. Die Gläubigen der Urgemeinden wussten, dass Christus Frieden gestiftet und sie mit Gott und ganz andersgearteten Menschen versöhnt hatte. Wunderbar! Doch welche Folgen hatte dies für ihre Gemeinden?

In seinen Besuchen und Briefen bemühte sich Paulus, Gemeinschaften ganz gewöhnlicher Menschen zu beraten und zu ermutigen, die etwas Außergewöhnliches taten: sie vereinten ehemalige Feinde (Juden und Heiden). Das war nicht leicht, sondern es schuf Probleme. Welche Speisen würden sie zu sich nehmen? An welchem Wochentag sollten sie Gottesdienst feiern? Welche Sicht in Bezug auf die Ehe, weltliche Gerichte oder jüdische Sitten und Gebräuche war richtig? Der Jerusalemer Rat in Apostelgeschichte 15 war ein wichtiger Versuch der Leiter der frühen Gemeinden, Konflikte anzugehen, die unvermeidbar waren auf dem Weg, eine neue Menschheit und ein Volk des Friedens zu werden. Und wer war der entscheidende Zeuge bei den Beratungen in Jerusalem? Petrus, der berichtete, was Gott in Cäsarea vollbracht hatte (Apostelgeschichte 15,7–11).

Wie hatte Petrus auf das reagiert, was er in Cäsarea als Gottes Willen erkannt hatte? Als er sah, dass Gott seinen Heiligen Geist den feindlichen Heiden ebenso zukommen ließ wie zuvor den jüdischen Jüngern, ging Petrus mit und taufte den Feind (Apostelgeschichte 10,47). Als er diese Handlung vor den Ältesten in Jerusalem verteidigte, verwies er darauf, dass Gott selbst dafür verantwortlich war: *Wer bin ich, dass ich Gott daran hätte hindern können?* (Apostelgeschichte 11,17). Beim Jerusalemer Rat in Apostelgeschichte 15 lud Petrus die Leiter ein, so zu handeln, wie er in Cäsarea gehandelt hatte: sich Gottes Handeln anzuschließen. Genau dazu fordert Gott uns auch heute auf: zu entdecken, wo er am Wirken ist, und darin seine Mitarbeiter zu werden. Jesus hatte gesagt: *Von sich aus kann der Sohn gar nichts tun, sondern er tut nur das, was er auch den Vater tun sieht* (Johannes 5,19).

Heute ist der Auftrag Gottes immer noch die Mission des Friedensstiftens. Die weltweite Kirche des 21. Jahrhunderts bringt das in erstaunlicher Weise zum Ausdruck. Im 20. Jahrhundert verlagerte sich der Mittelpunkt des Christentums südwärts, zu den südlichen Kontinenten. Folglich besteht die Kirche des 21. Jahrhunderts aus ehemaligen Feinden wie Petrus und Kornelius, aus ehemaligen Sklaven und Herren, aus ehemaligen Kolonialherren und Revolutionären, aus ehemaligen Unterdrückern und Unterdrückten.[2] Gott reißt die Mauern nieder. Er vergibt uns allen, versöhnt alle mit sich, vermittelt den Frieden Christi an uns alle und macht uns alle zu Mitgliedern einer internationalen Gemeinschaft des Friedens.

Die weltweite christliche Kirche ist ein Wunder. Sie ist eine neue Familie. Sie schenkt uns unsere wesentliche Identität. Sie ist ein Ort, wo wir durch Gottes Gnade erkennen können, wer wir sind und wohin wir eigentlich gehören. Auf der ganzen Welt tut Gott heute genau das. Unsere Berufung heute ist dieselbe wie die des Petrus, Gott nicht „zu hindern" (Apostelgeschichte 11,17). Wir sollen ihm nicht im Weg stehen, sondern uns an der göttlichen Mission, Frieden zu schaffen, beteiligen.

Friede ist eine Reaktion auf Gottes Gnade

In Apostelgeschichte 10 suchten Petrus und Kornelius nicht nach einer neuen Vision für die Menschheit. Das dringendste Bedürfnis von Petrus war ein Mittagessen: er hatte Hunger (10,10). Sein allgemeineres Anliegen bestand darin, einer jüdisch-messianischen Erneuerungsbewegung zum Wachstum zu verhelfen. Die Ziele des Kornelius waren ähnlich bescheiden. Er versuchte, gottesfürchtig zu leben und den Gott der Juden anzubeten, so weit das als römischer Soldat eben möglich schien.

Doch Gott ging Petrus und Kornelius voraus. In seiner Güte war er dabei, ihren Horizont zu erweitern. Was sich dann zugetragen hat, hatten Petrus und Kornelius weder geplant noch selbst bewerkstelligt. Nein, was hier geschah, war das Geschenk eines gütigen Gottes. Gottes Vision war größer als ihre, Gottes Wirken war ihrem eigenen Wirken weit voraus. Also vergab Gott Petrus und Kornelius, versöhnte sie und schenkte ihnen eine neue Vision und eine neue Identität. All das geschah aufgrund der Güte Gottes.

2. Friede im Neuen Testament

So ist es immer. Gottes Gnade ist zuerst da, und dann lädt er Menschen ein, darauf zu reagieren. Es wäre falsch, die göttliche Gnade nur auf die Frage der Rechtfertigung zu reduzieren – als ob Gott alles täte und die Menschen gar nichts. Die Gnade Gottes befreit, ermächtigt und heiligt. Sie befreit Menschen aus der Gefangenschaft von Absonderung und Isolation. Die Gnade ermächtigt Menschen, sich mit ehemaligen Feinden zu versöhnen. Und sie heiligt Menschen, so dass sie Friedensstifter werden. Es liegt an uns, auf diese Gnade zu reagieren. Niemand, nicht einmal Gott, kann uns zwingen, auf die Gnade Gottes zu reagieren. Unsere Antwort muss sich aus freien Stücken ergeben. Der Theologe Dietrich Bonhoeffer sagte einmal: „Das verantwortliche Handeln ist eben darin ein freies Wagnis, durch kein Gesetz gerechtfertigt ..." Denn es seien wir, die Subjekte, die „beobachten, urteilen, abwägen, sich entschließen, handeln" müssen.[3]

Darum ergießt sich das Wunder göttlicher Gnade, wenn Menschen auf die Frage Gottes: „Wo bist du?" (1. Mose 3,9) mit ihrer eigenen Frage antworten: „Wo ist das Kind?" (Matthäus 2,2). Nicht zufällig umrahmen diese Fragen das Alte Testament: Die erste Frage eröffnet das Alte Testament, die zweite das Neue.

In der Geschichte der Bibel sucht Gott nach Menschen, die in Sünde leben. Darauf reagieren die Menschen mit der Suche nach einem Gott, der das wahre Heil bietet. Es ist Gott, der auf erstaunliche und bewegende Art und Weise zuerst handelt, und sein Wirken löst Anbetung und Lob aus. Gott bittet – und befähigt – uns Menschen dann, mit einer Verwandlung unserer Sinne, unserer Prioritäten, ja unseres Lebens, darauf zu antworten. Das Wunder göttlicher Gnade besteht darin, dass wir unser Leben fortan nicht mehr an uns selbst orientieren, sondern an Gott. So können wir gemeinsam mit dem Apostel Paulus verkünden: *Darum lebe nicht mehr ich, sondern Christus lebt in mir* (Galater 2,20). Jeder Aspekt unserer Gotteserfahrung hat Folgen. Gottes Gnade ist kostenlos, doch sie erfordert eine Reaktion.

- Gott hat uns vergeben; darum sollen wir ein Volk werden, dessen Leben von Vergebung geprägt ist. *Vergib uns unsere*

Schuld, wie wir denen vergeben, die uns Unrecht getan haben (Matthäus 6,12).

- Gott hat uns mit sich versöhnt; darum sollen wir mit unseren Feinden versöhnt werden; uns wird ein Amt der Versöhnung aufgetragen (2. Korinther 5,18).

- Gott hat uns mit seinem Frieden beschenkt; darum sollen wir Friedensstifter sein. *Glücklich sind, die Frieden stiften, denn Gott wird sie seine Kinder nennen* (Matthäus 5,9).

Der kroatische Theologe Miroslav Volf hat es wie folgt ausgedrückt:

„Eingeprägt in das Herz der göttlichen Gnade ist die Regel, dass wir deren Empfänger nur dann werden können, wenn wir uns nicht dagegen wehren, deren Träger zu werden. Was uns widerfährt, muss von uns selbst vollbracht werden."[4]

In der Apostelgeschichte 10 waren Petrus und Kornelius Empfänger der Gnade. Und der gütige Gott hat sie dazu berufen, selbst Träger seiner Gnade zu werden. Das bedeutete, Frieden zu stiften. Es bedeutete, Gottes Mitwirkende dabei zu werden, Gnade und Frieden im Leben vieler Menschen zu bewirken. Es bedeutete, ihre Weltanschauung, ihre Feindbilder und ihre Prioritäten zu verändern. Es bedeutete, Risiken einzugehen. Wenn Menschen die göttliche Gnade erfahren wollten, wurden sie zugleich dazu aufgerufen, Friedensstifter zu sein. So ist es auch bei uns: Wenn wir die göttliche Gnade erfahren wollen, müssen wir Boten seiner Gnade und seines Friedens werden.

Friede ist umfassend: zum Begriff

In Apostelgeschichte 10,36 sagte Petrus Kornelius, Jesus habe mit dem Frieden „evangelisiert". Doch was ist mit Frieden gemeint?

Der Friede, zu dem die Friedenskirche aufgerufen wird, ist gewaltigen Ausmaßes. Im Alltagsleben benutzen wir das Wort „Friede" oft in einem oberflächlichen Sinn, der nicht gerade dabei hilft, hinter das biblische Verständnis von Frieden zu kommen.

„Ich wünschte, unsere Nachbarn würden ihre Musik leiser stellen und mir ein bisschen Frieden bescheren." „Dank der Atombombe haben wir in Europa nun seit 40 Jahren Frieden." Gelegentlich benutzen wir auch ein Wort, das wir der Bedeutung des Wortes Frieden gleichstellen: „Gewaltlosigkeit".

Hier sind vier Ansätze, Frieden zu definieren:

- *Friede als Negation.* „Es gibt keinen Krieg, also leben wir im Frieden." Das ist oberflächlich. Diese sehr begrenzte Sichtweise basiert auf persönlichen Gefühlen und individuellen Erfahrungen.
- *Friede als das, was den Frieden fördert.* Zum Beispiel könnte man sagen: „Manche Menschen setzen sich für die Beendigung aller Formen von gesellschaftlicher Unterdrückung und individueller wie struktureller Gewalt ein."[5]
- *Friede mit einer klaren Ausrichtung: Friede ist notwendig, damit alle Gewalt ein Ende hat.* Dieser Ansatz sieht Gewalt als das Haupthindernis für den Frieden.
- *Friede als Konfliktverwandlung.* Betont wird hierbei nicht die Gewalt, sondern der Konflikt. Diesem Ansatz zufolge ist es wichtig, die Zusammensetzung und den Mechanismus eines Konflikts zu begreifen und zu wissen, wie er kreativ und gewaltlos umgewandelt werden kann.[6]

Der biblische Friede umfasst das alles – und noch mehr. Bibelforscher weisen uns darauf hin, dass das hebräische Wort *Schalom*, das oftmals mit „Frieden" übersetzt wird, 235 Mal im Alten Testament vorkommt und sich auf vieles in den verschiedensten Zusammenhängen bezieht.[7] Schalom schafft das Friedenskonzept hinter dem neutestamentlichen Wort *Eirene*.

Der biblische Friede, *Schalom*, bezieht sich erstens auf das generelle *Wohlergehen und materielle Gedeihen*, gekennzeichnet durch körperliches Wohlergehen sowie das Ausbleiben von Krieg, Krankheit und Hunger (Jeremia 33,6.9). Zweitens bezieht sich der Friede auf *gerechte Beziehungen*. Sie zeichnen sich durch einwandfreie Beziehungen zwischen Individuen und zwischen Nationen aus. Dieser Friede bezieht sich ebenfalls auf eine harmonische und gerechte Sozialordnung, die in keiner Weise Unterdrückung oder Ausgrenzung aufweist (Jesaja 54,13–14). Drittens bezieht sich der Friede auf die *moralische Integrität* eines Menschen, der ehrlich und betruglos lebt und weder Schuld noch Verdachtsmomente aufweist (Psalm 34,13–14). Im Neuen Testament erhält der Friede, *Eirene,* eine weitere Nuance: Er steht in Verbindung mit Gott und der guten Nachricht von Gott. Beachten Sie den Ausdruck „Gott des Friedens" (Römer 15,3; 16,20; 2. Korinther 13,11; 1. Thessalonicher 5,23; 2. Thessalonicher 3,16; Hebräer 13,20).[8]

Der biblische Friede bezieht sich auf die *Ganzheitlichkeit,* eine allumfassende Ganzheitlichkeit von Menschen und der gesamten Schöpfung.[9] Er beinhaltet die *physischen, beziehungsmäßigen, moralischen und geistlichen* Dimensionen des Menschseins. Davon wusste Petrus. Als er Kornelius die „Gute Nachricht des Friedens" erklärte, sagte er, dass Menschen in allen Ländern Gott angenehm sein werden, wenn sie *Ehrfurcht vor ihm haben und so leben, wie es ihm gefällt* (Apostelgeschichte 10,35). Petrus verstand, dass Gerechtigkeit eine Voraussetzung für den *Schalom* ist; *wo es gerecht zugeht, da herrschen auch Friede, Ruhe und Sicherheit* (Jesaja 32,17). Entsprechend der jüdischen Denkweise von Petrus kann es keinen Frieden geben, wenn Beziehungen zerbrochen sind, wenn keine Harmonie zwischen Menschen und Gott sowie untereinander besteht, wenn Ungerechtigkeit, Hass und Angst das Feld beherrschen. Also bewegten sich Petrus und Kornelius in Richtung einer großen Friedensvision, bei der Gott „eine gebrochene Welt wieder zusammensetzt".[10]

Das Gleiche galt in der Urkirche. Der Märtyrer Justinus sagte, Christen hätten die Waffen des Krieges durch das Wirken des gekreuzigten Heilands in friedliches Bauerngerät umgeschmiedet. Und was konnten sie damit bestellen? „Gottesfurcht, Gerechtigkeit, Menschenfreundlichkeit, Glaube und Hoffnung."[11] Der Friede, mit dem Jesus, Petrus und die ersten Christen evangelisiert hatten, war groß und erhaben. Er verkörperte Gerechtigkeit und die Umwandlung gebrochener und unterdrückender Beziehungen in eine Kultur des Friedens.

Der Friede ist individuell sowie gemeinschaftlich

Petrus sprach vom Frieden. Er, Kornelius und die vielen, die in der Garnison zu Cäsarea versammelt waren, erfuhren Frieden. Dieser Friede/*Schalom*/*Eirene* war zutiefst persönlich – das versöhnende, verzeihende und liebende Werk Gottes. Durch das Wirken Christi und des Heiligen Geistes war Gott dabei, Menschen ihre Sünden zu vergeben und sie mit sich zu versöhnen (Apostelgeschichte 10,43). Also fragte Petrus: *Wer könnte ihnen jetzt noch die Taufe verweigern, wo sie* [die Heiden] *genau wie wir den Heiligen Geist empfangen haben?* (Apostelgeschichte 10,47). Diese Frage war eine Herausforderung. Die Taufe brachte damals wie heute zum Ausdruck, dass Menschen, die Brüder und Schwestern in Christus geworden sind, in die neue Familie des Glaubens aufgenommen werden. Die Taufe sprach für sich. Sie besagte, dass Menschen, die mit Gott versöhnt worden sind, fortan mit anderen, einschließlich ihrer ehemaligen Feinde, in Frieden leben können.

Der Friede – der biblische Friede von *Schalom* und *Eirene* – war ein Ausdruck Gottes heilenden Werkes, das sowohl persönlicher wie gemeinschaftlicher Art war. Die neutestamentlichen Verfasser wussten, dass Petrus und Kornelius gemeinsam feierten. Gottes Friede versöhnt die Menschen miteinander, er stellt die Beziehungen zwischen Menschen wieder her, er bringt Feinde zusammen in eine neue soziale Wirklichkeit.

In Indonesien wird noch heute zwischen Menschen chinesischer Abstammung und den sogenannten Ur-Einwohnern unterschieden. Doch indonesische Christen stoßen in eine andere Identität vor. Ich (Paulus) wuchs in einer chinesischen Familie auf. Als Indonesier chinesischer Herkunft wurde ich mein Leben lang diskriminiert. Ich wurde als wertloser Mensch behandelt. Ich erinnere mich noch, wie ich als Kind von meinen Nachbarn angehalten wurde, wenn ich mit dem Fahrrad zur Schule fuhr. Sie forderten Geld. Wenn ich zahlte, ließen sie mich ziehen. Doch wenn ich mich weigerte, ihnen Geld zu geben, schlugen sie mich auf der Straße zusammen. Mit Vergnügen riefen sie: „Chinese! Chinese!", wenn ich an ihnen vorbeiradelte. In Indonesien ist das eine ziemliche Demütigung. Oftmals, während sie brüllten, bewarfen sie mich mit Steinen. Manchmal warfen sie sogar mit Knallkörpern. Später fand ich heraus, dass eine bestimmte Nummer in meinem Ausweis den Beamten auf einen Blick meine chinesische Abstammung verriet. Aufgrund dieser Nummer blieb mir der Weg in öffentliche Hochschulen oder ein Arbeitsplatz im öffentlichen Dienst verwehrt. So war das eben in meiner Gesellschaft.

Ich wuchs also mit der Frage auf, wieso mich meine Nachbarn nicht einfach als Mitmenschen akzeptieren konnten. Warum verabscheuten sie mich? Doch als ich mich einer christlichen Gemeinde anschloss, entdeckte ich, dass meine chinesische Identität nicht so wichtig ist wie meine christliche. Nun gab es weder Juden noch Griechen, weder Chinesen noch Ur-Einwohner (Galater 3,28). Christen genießen eine neue, gemeinsame Identität, und das macht uns alle gleichwertig. Oder, um es genauer auszudrücken: Nun gibt es zwar chinesische und einheimische Christen, doch der Name „Christ" ist das einzige, was wirklich zählt.

In seinem Buch *The Social Sources of Denominationalism* behauptet der Theologe H. Richard Niebuhr, dass die wahre Kirche „die Aufspaltungen der Welt überwunden hat".[12] Das hatten bereits Petrus und Kornelius entdeckt. Eine solche Kirche ist der Welt ein Zeichen dafür, dass ihre Zerbrochenheit geheilt werden könne.[13]

Der Friede ist ein Kontinuum

An einem Ende des Kontinuums, etwas lückenlos Zusammenhängendes, steht der Friede mit Gott (Römer 5,11). Er ergibt sich daraus, dass Gott uns rechtfertigt und unsere Beziehung zu ihm wiederherstellt und öffnet. Am anderen Ende steht der Friede zwischen Menschen und Nationen. Er wird möglich, indem Gott versöhnte Beziehungen zwischen ehemaligen Feinden schafft. Es gibt zwei Wege, um sich dieses Kontinuum vorzustellen:

Der Wellen-Effekt

Ein Pastor in Wichita, Kansas/USA, beginnt das Seminar für neue Gemeindeglieder mit den Worten: „Die wichtigste Frage lautet: Haben Sie Frieden mit Gott geschlossen?" Falls ja, fährt der Pastor fort: „Dann wird dieser Friede – wie ein Stein, der ins Wasser fällt – Kreise ziehen und alle anderen Beziehungskreise Ihres Lebens beeinflussen." Das schließt die familiären Beziehungen, Beziehungen am Arbeitsplatz und die zu Gegnern oder Feinden mit ein. Der Pastor verstärkt diese Wellenbewegung, indem er die mit Gott versöhnten Menschen ausdrücklich darin bestärkt, sich an Gottes Friedenstiften auch an anderen Orten zu beteiligen. Das schließt auch feindliche Nationen ein – damit der göttliche Friede wirklich umfassend sein kann.[14]

In diesem Bild steht unser *Friede mit Gott* im Zentrum, am Beginn des Kontinuums. Friedenstiften beginnt immer mit dem Frieden mit Gott. Ohne den Frieden mit Gott können wir nicht vom Friedenstiften reden und schon gar nichts unternehmen. Der Friede beginnt immer im Inneren und fließt dann nach außen. Er hat seinen Ursprung in einer wiederhergestellten Beziehung zwischen Gott, der Quelle des Friedens, und uns. Aber als Quelle des Friedens ersehnt Gott Frieden für seine gesamte Schöpfung. Er will nicht, dass wir nach der ersten Etappe stehen bleiben. Er will, dass wir uns weiterbewegen zu den nächsten Stufen des Kontinuums: Frieden mit uns selbst, mit unseren Nachbarn, Frieden mit unseren Mitbürgern, und schließlich auch Frieden mit unseren Feinden. Wir erkennen diesen Willen Gottes sehr deutlich in der Person Jesu Christi, der mit seinem Leben und Dienst den Weg des Friedens aufzeigte. In Jesus sehen wir das Risiko und die Hoffnung, ebenso wie die Freude solch einer Lebensart.

An einem Ende des Kontinuums steht also der Friede mit Gott; am anderen Ende die *Feindesliebe;* die Stufe, die am schwersten zu erklimmen ist. Wir mögen den Frieden mit Gott kennen, doch vielleicht sind wir noch nicht mit unseren Feinden versöhnt – am wenigsten mit denen, die uns körperlich oder seelisch verletzt haben. Dies erklärt, warum es Christen, die in blutige Auseinandesetzungen wie in Indonesien, Nordirland oder Kongo verwickelt waren, besonders schwer fällt, sich mit denen zu versöhnen, die sie als ihre Feinde betrachten. Es sollte uns jedoch weder entmutigen noch ein Hindernis sein, das uns von einem Engagement für das Friedenstiften abhält.

Zwischen diesen beiden Punkten des Kontinuums – Friede mit Gott und Feindesliebe – gibt es viele Stufen des Friedens. Vielleicht sind wir im Moment noch nicht bereit, Frieden mit unseren Feinden zu schließen. Aber das bedeutet keineswegs, dass wir uns nicht am Friedenstiften beteiligen könnten. Wir können uns vielfältig beteiligen, den Frieden zu fördern – inneren Frieden, Friede in unserer Familie (unserer eigenen wie der erweiterten), Frieden mit unseren Schwestern und Brüdern in Christus in unserer Ortsgemeinde, Frieden mit unseren Schwestern und Brüdern in anderen Kirchen, Frieden mit Menschen anderen Glaubens, Frieden mit unseren Nachbarn, Frieden mit unseren Arbeitskollegen, Frieden mit den Bürgern unseres Landes, Frieden mit den Bürgern anderer Länder.

Gott ist am Werk

Dieser Ansatz unterscheidet sich ein wenig von dem Bild des Wellen-Effekts. Er anerkennt, dass derselbe Gott, der sich in Christus offenbarte, auf vielfache Art und Weise *Schalom* stiftet. Manchmal wirkt er im Herzen eines Kornelius, des feindlichen Hauptmanns, noch eher er selbst Gott kennt. Manchmal gebraucht Gott den Ökologen, der *Schalom* für die Schöpfung sucht. Manchmal schenkt Gott Menschen Vergebung und Frieden, die ihm fern stehen. Nach diesem Verständnis *beginnt* das friedenschaffende Wirken Gottes nicht immer damit, einem Einzelnen zu vergeben. Doch Gott wünscht sich, dass sein Handeln dies immer mit einschließt. Gottes Absicht ist es, die Geschichte auf einen umfassenden Friedens zuzubewegen (Jesaja 11,1–9). Paulus drückte es so aus (2. Thessalonicher 3,16): *Unser Herr, von dem aller Friede kommt, schenke euch seinen Frieden immer und überall.*

Gottes Friede ist groß. Er ist allumfassend. Er ist sowohl persönlich wie zwischenmenschlich. Er stellt Beziehungen zwischen uns und Gott wieder her, zwischen uns und unseren Feinden, zwischen uns und Gottes Schöpfung. Der Friede ist schon jetzt erfahrbar in Vorahnung dessen, was Gott allen Menschen wünscht. In Christus lernten bereits Petrus und Kornelius, so zu leben, wie alle irgendwann leben werden. Auch wir erfahren bereits heute die Realität des persönlichen und zwischenmenschlichen Friedensstiftens Gottes in der länderübergreifenden Gemeinschaft des Friedens, die sich Kirche nennt. Gott ruft die Kirche dazu auf, sich einer großen Friedensvision anzuschließen, in der jedes Mitglied als Friedensstifter wirkt.

Friede muss geschaffen werden.

Friede entsteht unter Schmerzen. Was Gott mit Petrus und Kornelius ins Rollen brachte, musste noch in die Tat umgesetzt werden. In Cäsarea konnte der Friede mit Gott verkündet, der Friede zwischen Juden und Heiden gefeiert werden. Doch danach entstanden Probleme und ein Konflikt brach vom Zaun. Seine Beziehungen zu den römischen Heiden brachten Petrus in Schwierigkeiten mit den Kirchenleitern in Jerusalem: *Du hast das Haus von Nichtjuden betreten und sogar mit ihnen gegessen!* (Apostelgeschichte 11,3).

Der Friede muss geschaffen werden, weil die Welt voll ist von zerbrochenen Beziehungen und Ungerechtigkeit. Gott lädt uns ein, uns an seinem friedenschaffenden Werk und Weg zu beteiligen. *Glücklich sind, die Frieden stiften, denn Gott wird sie seine Kinder nennen* (Matthäus 5,9). Bis Gottes Reich in voller Macht anbricht, wird der Friede niemals vollkommen sein. Er muss immer noch geschaffen werden. In Lukas 1,78–79 beendet Zacharias, der Onkel von Jesus, sein Lied damit, dass er die Barmherzigkeit Gottes feiert. Dieser Gott verpflichtet sich, denen Licht zu geben, *die in Nacht und Todesfurcht leben; es wird uns auf den Weg des Friedens führen*. In einer konfliktreichen Welt gibt es keinen Weg zum Frieden – der Friede selbst ist der Weg. Ein Volk des Friedens zu werden, setzt ein Ringen mit unserer von Gott geschenkter Freiheit und unseren menschlichen Begrenzungen voraus.

Jesus verkündete die gute Nachricht des Friedens. Er segnete die Friedensstifter, er schaffte Frieden. Und er erkannte, dass dies Konflikte mit sich brachte. Diesbezüglich war Jesus sehr deutlich; er kam nicht, um Frieden zu bringen, sondern den Kampf (Matthäus 10,34). Ohne Konflikte bleibt Ungerechtigkeit bestehen und wird nicht herausgefordert, und dann gibt es keine Hoffnung. Also ließ sich Jesus auf den Konflikt ein, der Frieden schafft: er wandte sein Gesicht Jerusalem zu; er verursachte einen Aufruhr im Tempel, im Herzen des religiösen Establishments seines Volkes. Er übertrumpfte mit seinen Argumenten die religiösen Führer. Und dafür zahlte er einen hohen Preis: Das Kreuz steht im Mittelpunkt des friedenstiftenden Wirkens Christi. Es ist eine Folge seines Friedensstiftens und es ist zugleich, so betonen die neutestamentlichen Schreiber immer wieder, das Mittel seines Friedensstiftens. *Alles hat Frieden gefunden, als er am Kreuz sein Blut vergoss* (Kolosser 1,20, im Hinblick auf Jesaja 53,5). Eine Gemeinde, die dabei ist, eine Kultur des Friedens zu werden, denkt über das aufs Kreuz ausgerichtete Leben Christi und sein rettendes Werk am Kreuz nach und öffnet sich dafür, ihr eigenes Kreuz auf sich zu nehmen. Indem sie das tut, führt Gott sie in das Abenteuer: Risiko und Konflikte um des Friedens willen.

Friede führt zu Überraschungen

In der antiken Welt hätten nur wenige Dinge mehr überrascht als das, was sich in Apostelgeschichte 10 abspielte. Es war einfach nicht zu erwarten, dass Galiläer wie Petrus, die mit einem von den Römern Gekreuzigten befreundet waren, das Haus eines Hauptmanns in Cäsarea aufsuchen. Den meisten Beobachtern war die Vorstellung einer „neuen Menschlichkeit", die Römer wie Juden gemeinsam eine neue weltweite, messianische Familie bilden lässt, zutiefst überraschend. Ihnen kam das wie eine merkwürdige Kreuzung zweier völlig unverträglicher Gruppen vor. Sie kamen nicht auf die Idee, dass dies die kreative Lösung eines tief sitzenden Problems sein könnte. Wie merkwürdig, wie unkonventionell waren doch diese messianischen Nonkonformisten, die meinten, dass durch Christus der Feind zum Bruder geworden sei! Wer behauptete, dass dies durch das Kreuz geschehen sei, wo sich Fluch und Grausamkeit begegnet waren, stand in der Gefahr, als unrealistischer und ungehobelter Narr abgeschrieben zu werden.

Doch anstatt sich der Überraschung zu stellen, bereiteten sich viele Juden auf etwas viel Naheliegenderes vor: den revolutionären Krieg gegen die Römer. Er vollzog sich zwischen 66 und 70 unserer Zeitrechnung und hatte traumatische Folgen für das jüdische Volk: die Zerstreuung der Bewohner Jerusalems und die Zerstörung des Tempels. Dabei hatte Gott einen anderen Weg im Sinn gehabt: die Schaffung einer weltweiten Familie in Christus, die aus ehemaligen Feinden besteht. Gott blieb sich treu. Er denkt nach wie vor über unsere Stereotypen hinaus und schafft tatsächlich eine Kirche, eine „heilige Nation", die wahrlich global ist. Gott ist ein Gott der Überraschungen. Er überraschte Petrus, der daraufhin beschloss, nicht länger wie ein typischer Jude des ersten Jahrhunderts zu denken und zu handeln. Und der friedenstiftende Gott überrascht weiterhin.

Friede kommt durch die Macht Gottes zustande

Petrus schildert Kornelius (Apostelgeschichte 10,39–40): *Diesen Jesus haben sie an das Kreuz genagelt und getötet. Aber schon drei Tage später hat Gott ihn wieder zum Leben erweckt.* Das friedenstiftende Werk Gottes zeigt sich in der Auferstehung. Die Auferstehung Jesu belegt Gottes Entschlossenheit, den Weg des Friedens zu untermauern. Ein frühchristlicher Segen lautete: *Er ist es ja, der uns seinen Frieden schenkt. Er hat unseren Herrn Jesus Christus von den Toten auferweckt* (Hebräer 13,20). Der Tod kann den friedenstiftenden Gott nicht aufhalten. Das scheinbar Unmögliche kann den friedenstiftenden Gott nicht aufhalten. Paulus schrieb den Römern von einem Gott, *der die Toten lebendig macht und der aus dem Nichts ins Leben ruft* (Römer 4,17).

Menschen, die auf ihre eigene Kraft angewiesen sind, ist das Friedenstiften unmöglich; Gott schenkt Frieden. Dank der göttlichen Barmherzigkeit blieb im Südafrika der 1990er Jahre ein Rassenkrieg aus. Statt dessen bildete sich wie durch ein Wunder eine „Wahrheits- und Versöhnungskommission". Gottes Macht, im Verbund mit den Gebeten und dem Mut von Menschen, führt Veränderungen herbei. Im 21. Jahrhundert wie in der Stadt Cäsarea im ersten Jahrhundert leistet der Heilige Geist Geburtshilfe bei der Entstehung neuer Optionen. Der Geist kommt gleichermaßen auf Römer, Unterdrücker, Feinde und Schwache herab. Er begegnet denen, denen Menschenunmögliches abverlangt wird. Allein aufgrund der Auferstehung und des Heiligen Geistes können Gottes Menschen Friedensstifter werden.

Jesus ist der Schlüssel zum Frieden

Petrus berichtete Kornelius auch, dass es der Friede sei, mit dem Jesus evangelisierte (Apostelgeschichte 10,36). Und in Epheser 2,14 heißt es über Jesus: *Durch Christus haben wir Frieden.* Jesus ist der Friedensstifter. Um zu erkennen, was Friede bedeutet, braucht man weder über Politik noch über Theologie zu streiten – wir blicken einfach auf Jesus. Wir erzählen die Geschichte Jesu. Wir hören ihm zu. Wir beobachten Jesus in Aktion: Jesus mit seinen Freunden, Jesus beim Streiten, Jesus beim Lieben seiner Feinde, Jesus am Kreuz, Jesus beim Friedenstiften. Im Laufe der Generationen fällt der Kirche die Aufgabe zu, die Geschichte und Lehre Jesu zu betrachten und seine Art weiterzugeben. In diesem Sinne verstand auch Paulus seine Aufgabe: *Folgt meinem Beispiel, so wie ich dem Vorbild folge, das Christus uns gegeben hat* (1. Korinther 11,1). Die Lebensart Jesu, von seinen Jüngern vorgelebt, würden künftig auch andere nachahmen und wiederum vorleben. Paulus schrieb den Christen in Philippi: *Richtet euch nach dem, was ich euch gelehrt habe, und lebt nach meinem Vorbild. Dann wird Gott bei euch sein und euch seinen Frieden schenken* (Philipper 4,9). Jesus, die Verkörperung göttlichen Friedens, lebt.

Paulus sagt, dass Jesus selbst der Friede ist, und zeigt uns, was es mit diesem Frieden auf sich hat.

Der Friede steht im Mittelpunkt biblischen Glaubens. Es ist unmöglich, hier zu übertreiben. Alle acht Facetten weisen darauf hin, dass der Friede der Bibel zufolge kein zusätzliches, gebührenpflichtiges Extra ist. Er ist von zentraler Bedeutung. Der einzige Grund, warum wir Heiden (indonesische Heiden, argentinische Heiden, deutsche Heiden und alle anderen auch) uns in der Gemeinde befinden, liegt in der übernatürlichen friedenstiftenden Tat Gottes in Christus. Darum ist der Friede zum Wohle der gesamten Kirche gedacht. Den Begriff könnten wir sogar verwenden, um unsere Gemeinden zu beschreiben. Wenn Leute uns nach unserer Gemeinde fragen, dann könnten wir antworten: „Wir sind eine Kultur des Friedens. Gott ist ein Gott des Friedens, und wir sind dabei, zu lernen, was Friede wirklich bedeutet. Das ist ein spannender Weg! Sie sind herzlich eingeladen, mal reinzuschauen!"

Anmerkungen

1 Marlin E. Miller, „The Gospel of Peace" in: Robert Ramseyer (Hrsg.), *Mission and the Peace Witness* (Scottdale, PA, Herald Press, 1979), 9–23.

2 Andrew Walls, „From Christendom to World Christianity" in: *The Cross-Cultural Process in Christian History* (Maryknoll, NY, Orbis Books, 2002), 49–71.

3 Dietrich Bonhoeffer, *Ethik*. Zusammengestellt und herausgegeben von Eberhard Bethge (Chr. Kaiser Verlag, München ⁹1981), S. 264f.

4 Miroslav Volf, *Exclusion and Embrace – A Theological Exploration of Identity, Otherness, and Reconciliation* (Nashville, Abingdon Press, 1996), 129.

5 David P. Barash, *Introduction to Peace Studies* (Belmont, CA, Wadsworth Publishing Company, 1991), 7–8.

6 Johan Galtung, *Peace by Peaceful Means – Peace and Conflict, Development and Civilization* (Oslo, PRIO International Peace Research Institute und London, SAGE Publications, 1996), 9.

7   Ulrich Mauser, *The Gospel of Peace – A Scriptural Message For Today's World* (Louisville, KY, Westminster/John Knox Press, 1992), 13.

8   Perry Yoder, *Shalom – The Bible's Word for Salvation, Justice, and Peace* (Newton, KS, Faith and Life Press, 1987), 10–16; ebenfalls Walter Brueggemann, *Living Toward A Vision – Biblical Reflections on Shalom* (New York, United Church Press, 1976), 18–20.

9   Eine fundierte Abhandlung über *Schalom* und seine Auswirkungen auf Innenstädte findet sich bei: Mark R. Gornik, *To Live in Peace – Biblical Faith and the Changing Inner City* (Grand Rapids, Eerdmans, 2002), Kapitel 3.

10 Ibid., 101.

11 Justinus, *Dialog mit dem Juden Tryphon*. Aus dem Griechischen übersetzt von Philipp Hauser. Bibliothek der Kirchenväter, 1. Reihe, Band 33 (Kösel, Kempten und München 1917) 110.2–3.

12 H. Richard Niebuhr, *The Social Sources of Denominationalism* (New York, Henry Holt and Co., 1929), 281–283.

13 Ibid., 283–284.

14 John Warkentin in einem Bericht von Dalton Reimer, *Peace Education Commission of the United States Conference of Mennonite Brethren Churches* an den Rat für Frieden der Mennonitischen Weltkonferenz, 25. Januar 2003.

3. Funktioniert Friede?

Frieden entdecken und feiern

Der biblische Gott ist ein „Gott des Friedens" (Richter 6,24; 1. Thessalonicher 5,23; Hebräer 13,20; usw). Wir alle kennen Gemeinden, in denen Gottes friedenstiftendes Wirken offenkundig ist. Es ist eine hilfreiche Gewohnheit, einander in der eigenen Gemeinde und bei Begegnungen mit anderen Christen zu fragen: „Wo haben Sie in letzter Zeit erfahren, dass Gott Frieden stiftet?"

Der Rat für Frieden der Mennonitischen Weltkonferenz hat diese Frage einmal den Mitgliedskirchen gestellt. Auch wenn die folgenden Beispiele aus einer konkreten Denomination stammen, weisen sie doch auf viele verschiedene Stufen auf dem im letzten Kapitel erwähnten Kontinuum hin.

Persönliche Erfahrungen. Eine Kirche in Nicaragua erzählte von Margarita, die durch ihre Bekehrung den Frieden Gottes erfuhr. Margarita war missbraucht und unterdrückt worden, bereits von vielen Liebhabern verlassen. Um ihre Söhne zu ernähren, schuftete sie für sehr wenig Geld. Sie neigte selbst zu Gewalt und zu „Streit, Kämpfen und Querelen mit ihren Nachbarn". Die Leute schwärzten sie bei der Polizei als „unerwünschte Nachbarin" an. Doch nachdem Margarita Jesus in ihr Herz aufgenommen hatte, „hat sich ihr ganzes Leben zum Besseren hin verändert, sowohl für sie als auch für ihre Nachbarn. Die Nachbarn konnten die Veränderungen in ihrem Leben kaum fassen." Margarita hat aufgehört, ihre Söhne zu verprügeln. Und die Nachbarn, die sie einst fürchteten, achten und respektieren sie heute. Die nicaraguanischen Mennoniten berichten: „Unser Gott ist ein Gott des Unmöglichen, der Dinge tut, die Menschen nicht für möglich halten."[1]

Versöhnung innerhalb der Kirche. Die *Communauté Evangélique Mennonite* (CEM) im Kongo war durch inneren Streit zerrissen. Die Gemeinden erkannten, dass dies ihrem Zeugnis schadete. Sie berichten, dass sie „keine Aktivitäten mehr nach außen entwickeln konnten, da wir zuerst den Frieden innerhalb unserer eigenen Konferenz erlangen mussten". In aller Bescheidenheit wandten sie sich an eine „Friedens- und Versöhnungskommission", die schließlich im Rahmen einer Mediation erfolgreich zwischen der Kirchenleitung und ihrem Aufsichtsgremium vermittelte. Für die Beilegung dieses Streits preisen sie Gott. Dieser Konflikt hat dazu geführt, dass diese Gemeinden Versöhnung ganz wesentlich als ihren Auftrag betrachten und sich diesbezüglich weiterbilden und schulen wollen.[2]

Frieden zwischen Nachbarn. In Indien erlebte die Gemeinde *Bihar Mennonite Mandali* Spannungen mit dem *Maoist Communist Centre,* einer revolutionären Gruppe, die auch vor Gewalt und Mord nicht zurückschreckte. Die Mennoniten berichten, dass Peter Minj, einer ihrer Leiter, der maoistischen Führung versicherte: „Wir werden uns niemals auf Blutvergießen oder andere verwerfliche Taten Ihrer Gruppe einlassen." Zugleich ließ er sie wissen, dass die Christen durchaus mit ihnen in Kontakt bleiben wollten. Die Gemeinde „betete und wartete auf den Tag, an dem diese Menschen vor Jesus niederfallen würden". Zögerlich waren tatsächlich bald Veränderungen bei der revolutionären Gruppe zu beobachten. Manche Maoisten haben inzwischen den Weg der Gewalt aufgegeben. Andere, die in der Gruppe geblieben sind, haben begonnen, den Christen zu vertrauen. Als dann ein Mitglied der Gemeindeleitung in Bihar verlief, griff ihn eine maoistische

Gruppe auf und drohte, ihn zu töten. Doch sobald sie erfuhren, dass er zu dieser Gemeinde gehört, „hat sich ihr Benehmen schlagartig gerändert". Sie verhielten sich nun respektvoll und luden ihn zum Tee ein. Die Gemeinde aus Bihar berichtet, dass der Grund dafür war, dass „die Leute in diesem Gebiet wissen, dass wir alle Menschen lieben und aufrichtig bemüht sind, den Menschen Gutes zu tun". Von ihrem Land werden die Maoisten als Feinde betrachtet, doch die Christen von Bihar haben Frieden mit ihnen geschlossen.[3]

Versöhnung mit Menschen anderen Glaubens. Indonesien hat die größte muslimische Bevölkerung der Welt. In Teilen des Landes wurden christliche Kirchen abgefackelt und Menschen ermordet. Mennonitische Christen aus der Synode der *Persatuan Gereja-Gereja Kristen Muria Indonesia* (GKMI) haben gemeinsam mit Katholiken und anderen Protestanten einen Dialog mit islamischen Führern begonnen. In der Stadt Solo, seit Jahrhunderten für ihre religiösen und ethnischen Konflikten bekannt, haben christliche Pastoren und muslimische Imame ein interreligiöses Forum gebildet, das sich der Gewalt auf kommunaler Ebene widersetzt.

Das Forum hat sich zum Ziel gemacht, „Werte des Friedens in die kommunalen Angelegenheiten einzupflanzen". Dies hat zu symbolischen Aktionen geführt. Einmal haben sie 3 000 T-Shirts unter den Anhängern vieler religiöser Gruppen verteilt. Sie waren bedruckt mit dem Satz: „Ich bin Mitglied einer friedliebenden Gemeinschaft." Das Forum ging noch weiter. In fünf Stadtgebieten hat es Mediations-Gruppen aufgebaut, die jeweils aus rund 20 ausgebildeten Mediatoren bestehen. Sie stammen aus allen religiösen Gemeinschaften und treten als Mediatoren in Aktion, wenn Konfliktfälle auftreten.[4]

Frieden zwischen Nationen. Kongolesische Christen der *Communauté Mennonite au Congo* (CMC) berichteten, dass in ihrem Land „Kriege und andere Konflikte ... ohnehin sensible Beziehungen zwischen Einzelnen sowie zwischen den Ländern in der

Region der Großen Seen zerstört haben". Diese Christen sehen ihren Auftrag als „Salz und Licht der Welt" darin, „zerbrochene Beziehungen zwischen Personen und Ländern wiederherzustellen". Deshalb haben sie sich aktiv im „Interkongolesischen Dialog zur Versöhnung" engagiert, der sich bemüht, zwischen den sich im Kongo bekämpfenden Gruppen Frieden zu stiften.

Sie beteiligen sich auch an einer Friedensinitiative zwischen Staaten in der zentralafrikanischen Region der Großen Seen (Demokratische Republik Kongo, Burundi, Ruanda und Uganda), die gegeneinander Krieg führen. Sogar inmitten von Krieg bestätigen sie: „Christus ist unser Friede. Er beschenkt uns mit Frieden, seinem Frieden." Seine Anhänger werden „aktive Friedensstifter in ihrem persönlichen Leben wie auch in ihrem Dienst und in der Gesellschaft sein. ... sie werden sich ausschließlich gewaltlos verhalten."[5]

Diese Beispiele zeigen etwas sehr Großes. Weil Gott ein Gott des Friedens ist, kann es nicht überraschen, dass er sich stets um Frieden bemüht – an vielen Orten, durch viele verschiedene Menschen, in allen Lebensbereichen. Es braucht noch viel mehr solcher Geschichten, nicht zuletzt aus unserem eigenen Leben, indem wir uns daran erinnern, wo Gott uns selbst als Friedensstifter gebrauchen konnte. Die Bibel zeigt uns, dass Gott auch Menschen, die ihn nicht kennen, durchaus gebraucht, um Frieden zu stiften. Das gilt es zu erkennen, von ihnen zu lernen und Gott dafür zu preisen.

Warum manche Leute dem Frieden skeptisch gegenüber stehen

Äußerst wenige Gemeinden bezeichnen sich als Kulturen des Friedens. Anscheinend fühlen sich Christen mit dem Etikett „Gnade" wohler als mit „Frieden" – obwohl Paulus und Petrus ihre Briefe jeweils mit beiden gemeinsam einleiteten. Christen fällt es offenbar auch schwer, darüber zu reden, wie Gott innerhalb der Kirche und darüber hinaus Frieden stiftet. Manchmal sind unsere Gemeinden von zerstörten Beziehungen, Machtkämpfen und

Manipulation gekennzeichnet. Es ist verständlich, wenn Menschen in solchen Gemeinden wenig vom Frieden reden. Doch auch gesunde Gemeinden reden selten vom Frieden. Sobald sich ein Mitglied bemüht, dieses Thema auf die Tagesordnung zu setzen, kann der Versuch als komisch, unpassend oder auch unwichtig abgetan werden.

Warum ist das so? Es ist wichtig, zu verstehen, warum Christen dem Gespräch über den Frieden eher aus dem Weg gehen. Einige der Gründe, die wir wahrgenommen haben, sind:

- *„Das Thema Frieden verwässert das Evangelium."* Es lenkt von Evangelisation ab.

- *„Das Thema Frieden bringt die Politik in die Kirche."* Politik bringt Konflikte mit sich, und viele Christen haben schlechte Erfahrungen mit Konflikten gemacht. Sie wissen nicht recht, wie sie damit umgehen sollen, also versuchen sie, die Existenz von Konflikten einfach zu leugnen.

- *„Das Thema Frieden riecht nach ‚Pazifismus'."* Manche Christen haben kein gutes Gefühl beim Stichwort Pazifismus. Einigen klingt es zu aktivistisch, anderen wiederum zu passiv. Sie meinen, die Geschichte habe längst bewiesen, dass Christen Tyrannen widerstehen müssen. Amerikaner und Briten pflegen zum Beispiel zu fragen: „Was wäre gewesen, wenn wir nicht gegen Hitler aufgestanden wären?"

- *„Das Gespräch über den Frieden stellt unsere Erfahrungen und unser Leiden im Krieg in Frage."* Christen, auch mennonitische, haben in Kriegen gekämpft, haben getötet und sind getötet worden; Überlebende haben an einem Kriegstrauma gelitten; sie haben Verwandte im Krieg verloren. Diesen Menschen gefällt es nicht, wenn Christen, die vom Frieden reden, die eigenen Kriegserfahrungen herabzuwürdigen scheinen. Andere haben beim Militär ausgesprochen gute Erfahrungen gemacht: „Bei der Marine habe ich mich bekehrt." „Ich bin der Armee sehr dankbar für meine Ausbildung."

- *„Das Thema Frieden ist langweilig."* Schalom kommt uns ereignislos vor, wie ein Roman ohne Handlung. Es scheint, als ob einfach nichts passiere. In dem Film „Der einzige Zeuge" (1985) stellt der gemeinschaftliche Aufbau einer Scheune an einem einzigen Tag ein wundervolles Beispiel von *Schalom* in der amischen Kultur dar. Richtig spannend wird es im Film allerdings erst, als Detective John Book (dargestellt von Harrison Ford) seine Fäuste einsetzt. Friede kann tatsächlich oberflächlich wirken – manchmal gehen die sogenannten Friedensstifter Problemen eher aus dem Weg, statt sich ihnen zu stellen.

- *„Das Thema Frieden ist viel zu komplex."* Das ist nur etwas für außergewöhnliche Leute mit besonderen Fähigkeiten. Es ist nichts für normale Menschen wie uns.

- *„Friede ist unrealistisch."* Er funktioniert einfach nicht. Die Attacken auf die Vereinigten Staaten am 11. September 2001 zeigten einmal mehr, dass die Welt ein gewalttätiger Ort ist. (Das wussten viele Länder natürlich bereits vor 2001.) Über den Frieden zu reden, kommt einem idealistisch vor. Friede ist ja in der Theorie schön und gut, doch in der Praxis funktioniert er nicht. Was funktioniert, was die Dinge tatsächlich verändert, das ist Gewalt. Das mag vielleicht nicht nett sein, doch es entspricht der menschlichen Erfahrung. Im Lichte dessen ist es unwahrhaftig, von der Gemeinde als Kultur des Friedens zu reden. Und wir Christen sind schließlich dazu aufgerufen, wahrhaftig zu sein.

In jedem dieser Sätze steckt ein Stück Wahrheit. Wenn wir es mit dem Frieden ernst meinen, müssen wir uns sehr genau die Gründe anhören, warum Menschen ihn für problematisch halten. Wir mögen nicht völlig damit übereinstimmen, aber sie weisen auf Dinge hin, mit denen wir uns ernsthaft auseinandersetzen sollten. Die Behauptung zum Beispiel, das Thema Frieden „verwässere das Evangelium", kommt einem völlig unverständlich vor, wenn das Evangelium, wie viele Stellen im Neuen Testament belegen, ein „Evangelium des Friedens" ist (Apostelgeschichte 10,36;

Epheser 6,15). Es kann natürlich sein, dass jemand dabei Christen im Blick hat, die sich stärker dem Frieden als unserem Herrn Jesus Christus verpflichtet fühlen. Oder Christen, die sich stärker für die Versöhnung mit Muslimen als für die Versöhnung mit Gott interessieren. Bedenken und Einwände fordern uns jedenfalls auf, genau hinzuhören und weiterzudenken.

Augustinus hielt Frieden für unrealistisch

Der letzte Einwurf, „Friede ist unrealistisch", ist für uns sicher der wichtigste: Die Welt ist voller Gewalt, die Gesellschaften sind korrupt. Der 11. September hat der Welt gezeigt, wie sie wirklich ist. Das Leben, wie es viele Menschen erfahren und wie es Zeitungen und Fernsehen beschreiben, ist von Konkurrenz und der oftmals gewaltsamen Auseinandersetzung zwischen selbstsüchtigen Menschen und Gruppen gekennzeichnet. Gewalt oder die Androhung von Gewalt führen Veränderungen herbei und sichern Gerechtigkeit. Etwas anderes zu behaupten, wäre hoffnungsloser Idealismus. Seine Sichtweise der Realität anzupassen, ist dagegen pragmatisch und ehrlich.

Gewalt funktioniert. Diese Sicht, die der Theologe Walter Wink den „Mythos von der heilenden Gewalt" nennt, scheint realistisch zu sein, dem gesunden Menschenverstand zu entsprechen.[6] Als Reaktion auf diese scheinbare Realität lieferte Bischof Augustinus von Hippo Anfang des fünften Jahrhunderts die theologische Begründung für die Abwendung der Kirche von der friedenskirchlichen Tradition der früheren Jahrhunderte. Kein einziges Mal bezog sich Augustinus auf den Vers, der den frühen Christen so wichtig war: *Dann schmieden sie ihre Schwerter zu Pflugscharen um und ihre Speere zu Winzermessern* (Micha 4,3).[7] Doch einige Male, wenn er über die Psalmen predigte, kommentierte er Psalm 46,10: *In aller Welt bereitet er den Kriegen ein Ende.* Er merkte an:

> Dieser Text ist noch nicht in Erfüllung gegangen – Kriege gibt es noch. Die Menschen kämpfen noch gegeneinander um die Vorherrschaft. Es gibt Kriege zwischen Gruppen, Kriege unter Juden,

Heiden, Christen und Ketzern. Manche kämpfen um die Wahrheit, andere um die Unwahrheit. Vielleicht wird dieser Text einmal erfüllt. Oder ist er vielleicht trotz allem bereits erfüllt worden? Ja, in manchen Menschen ist er bereits Wirklichkeit. Im „Weizen"-Ertrag ist er bereits erfüllt; im „Unkraut" jedoch noch nicht![8]

Seit Augustinus sind die meisten Christen zutiefst davon überzeugt, dass der Friede nur in unseren Herzen oder nach dem Tod möglich sei. Frieden auf Erden zwischen einzelnen Gruppen oder auch innerhalb der Gemeinde sei dagegen unmöglich. Daher müssten Christen leider trotz aller Bedenken lernen, Gewalt als das geringere Übel im Ringen um Gerechtigkeit zu gebrauchen. Es überrascht nicht, dass seit Augustinus die vorherrschenden christlichen Traditionen des Westens wenig vom Frieden gesprochen haben. Da der Friede als unerreichbar angesehen wurde, ist es nachvollziehbar, dass Augustinus und Ambrosius die christliche Lehre vom „gerechten Krieg" entwickelten als ein Mittel, Gewalt zu begrenzen.

Über die Jahrhunderte hinweg hat es natürlich auch eine alternative Tradition gegeben. Das ist die Tradition des Franz von Assisi, der in den Nahen Osten ging, um Gespräche mit muslimischen Führern zu führen. Es ist die Tradition der Quäker, die von Anfang an geglaubt haben, dass Wahrheit stärker sei als Macht. Die Tradition der katholischen Arbeiterbewegung, die vorgeführt hat, wie sich Gerechtigkeit und Frieden aus der Verpflichtung ergeben, zu tun, was Jesus lehrte. Die täuferischen Gruppen – zu denen die bereits erwähnten Mennoniten gehören – haben den Frieden als einen zentralen Punkt ihrer Identität etabliert. Eine ihrer prägenden Figuren, Menno Simons, zum Beispiel sah 1537 im Frieden ein Zeichen für die wahre Kirche:

> Diese Wiedergeborenen ... sind die Kinder des Friedens, die ihre Schwerter zu Pflugeisen und ihre Spieße zu Sicheln gemacht haben und wissen von keinem Krieg mehr ... Ihr Schwert ist das Schwert des Geistes, das sie in einem guten Gewissen führen durch den Heiligen Geist.[9]

All diese Gruppen der alternativen Tradition haben etwas Wesentliches gemeinsam: Sie glauben, dass Gott sich durch Christus definitiv geäußert hat. Sie meinen, die Urgemeinde ist auf etwas Lebensspendendes gestoßen. Sie betrauern die Tatsache, dass die westliche Christenheit diesen ursprünglichen Weg verlassen hat und konventionell geworden ist. Außerdem ist ihr Blick dafür geschärft worden, eine weitere Dimension der Wirklichkeit wahrzunehmen, wie wir sie in einigen Beispielen am Anfang dieses Kapitels geschildert haben. Dies ist die Realität, die uns alle umgibt, die aber die meisten Menschen (einschließlich vieler Christen) leicht übersehen: das unermüdliche Wirken des Gottes des Friedens, der ständig dabei ist, Frieden zu stiften, und der die Nachfolger Jesu dazu aufruft, zu tun, was Jesus getan hat: zu entdecken, wo Gott am Werk ist, und sich ihm anzuschließen (Johannes 5,19).

Das Evangelium des Friedens neu als gute Nachricht entdecken

Heute erkennen Christen neu, wie zentral der Friede ist. Diese Entdeckung machen sie aus verschiedenen Gründen. Sie fühlen sich von Jesus und einem alternativen Ansatz zur Konfliktlösung angezogen. Sie entdecken, dass Christen im Namen Jesu entsetzliche Greueltaten begangen haben, von denen sie sich distanzieren möchten. Und sie sind realistisch. Korruption, Gewalt, Tod und Zerstörung dieser Welt sind ihnen nicht weniger als den sogenannten „Realisten" bekannt. Allerdings reagieren sie darauf nicht mit mutloser, fatalistischer Resignation, sondern mit einer sorgfältigen Analyse, die zum aktiven Widerstand führt.

Krieg, davon sind sie überzeugt, funktioniert nicht. Zurückschlagen führt nicht zum Frieden. Gewalt verwirklicht nicht den Willen Gottes. Es gibt bessere Wege als Töten und Zwang, um den Ungerechtigkeiten der Welt zu begegnen. Jesus ist Herr! Darum bietet er seinen Jüngern kreative Alternativen zum Krieg, um der Herausforderung des islamischen Fundamentalismus oder aller anderen ideologischen oder nationalen Bedrohungen zu begegnen. Für diese Menschen erwächst die Kirche als eine Kultur des Friedens schon jetzt zu einer echten Möglichkeit.

Diese Christen entdecken neu die vertrauten Dimensionen des Evangeliums. Sie bestätigen, dass Gott ihnen durch Christi Kreuz und Auferstehung verziehen und mit ihnen Frieden geschlossen hat. Und sie empfinden es als ein Vorrecht, als Folge dessen Teil einer Bewegung sein zu dürfen, die vergibt und Frieden mit anderen schließt. Sie wollen den ihnen von Gott geschenkten Frieden nicht horten, sondern mit anderen teilen. Sie wollen diesen Frieden weitergeben und ihm erlauben, die Art und Weise zu verwandeln, wie sie mit ihren Feinden umgehen. Das kann dazu führen, dass sich diese Menschen gelegentlich zu politischen Fragen äußern, doch das bildet nicht das Kernstück ihrer Berufung. Ihre Hauptaufgabe besteht darin, „in Christus" zu sein, und, weil sie in Christus sind, zu lernen, wie man ein Volk des Friedens wird, das Frieden stiftet. Sie wissen, dass Jesus von seinen Nachfolgern nicht verlangt, dass sie unrealistisch werden. Jesus war sehr genau im Bild und wusste, dass es ihm Auseinandersetzung und letztlich das Kreuz bringen würde, die Feindschaft, den Zorn, die Ungerechtigkeit und die Gewalt der Welt ernstzunehmen. Das gleiche verspricht er allen, die ihm folgen. Doch das tun sie ja nicht aus sich selbst heraus. Sie legen die „Waffenrüstung Gottes" an und nehmen so ausgestattet an der Auseinandersetzung *gegen Mächte und Gewalten des Bösen, die über diese gottlose Welt herrschen und im Unsichtbaren ihr unheilvolles Wesen treiben,* teil (Epheser 6,12). Dieser Lebensansatz ist gute Nachricht. Wir haben das Vorrecht, sie anderen mitzuteilen.

Durch die Konflikte und das Abenteuer hindurch, dem Friedefürsten nachzufolgen, ist Gott ist am Werk. Wie wir später sehen werden, profitieren Gemeinden durchaus davon, das Thema Friede auf ihre Tagesordnung zu setzen – eine echte „Friedensdividende". Das kann unser inneres Gemeindeleben verändern: wie wir miteinander umgehen und Entscheidungen treffen. Darüber hinaus kann es auch unsere Außenwirkung zutiefst beeinflussen: unseren Zugang zu Anbetung, Arbeit, zu Krieg und Zeugnis. In all diesen Bereichen erfahren Christen, dass der Gott des Friedens auf vielerlei Weise Frieden stiftet. Wenn wir diesbezüglich experimentieren, gewinnen wir neue Einsichten und Gewohnheiten. Wir gewöhnen uns daran, zu sagen: „Unsere Gemeinde ist eine Kultur des Friedens." Und Gott lächelt und gibt uns seinen Segen: „Glücklich sind, die Frieden stiften, denn Gott wird sie seine Kinder nennen."

Anmerkungen

1   Bericht an den Rat für Frieden der Mennonitischen Weltkonferenz (MWK) von der *Convención de Iglesias Evangélicas Menonitas de Nicaragua* (CIEMN), 2003.
2   Pastor Pascal Misakabu Nzala, Bericht an den Rat für Frieden der MWK, März 2003.
3   Shet Sonwani, Bericht an den Rat für Frieden der MWK, *Bihar Mennonite Mandali*, 24. Oktober 2002.
4   Bericht an den Rat für Frieden der MWK, von der *Persatuan Gereja-Gereja Kristen Muria Indonesia* (GKMI), 2003.
5   Pastor Fimbo Ganvunze, Bericht an den Rat für Frieden der MWK, 28. März 2003.
6   Walter Wink, *Engaging the Powers – Discernment and Resistance in a World of Domination* (Minneapolis, Fortress Press, 1992), 13ff.
7   Gerhard Lohfink, „Schwerter zu Pflugscharen – Die Rezeption von Jesaja 2,1–5 par Micha 4,1–5 in der Alten Kirche und im Neuen Testament" in: *Theologische Quartalsschrift* 166 (1986), 184–209, beschreibt den Rückgriff auf Jesaja und Micha bei den ersten christlichen Autoren und ihr Fehlen bei Augustinus.
8   Augustinus, *Enarr. in ps.* 45.10. Siehe ebenfalls *Enarr. in ps.* 48.17. Aus dem Englischen übersetzt.
9   Menno Simons (1496–1561), *Von der Neuen Geburt*, 1537/1550, MW I, S. 242.

4. Friede innerhalb der Gemeinde

Wie beschreiben wir Gemeinden, die Kulturen des Friedens sind? Sind das Gruppen von Menschen, die der Gewalt eine Absage erteilen? Die die Kriege kritisch hinterfragen, die ihr Land vielleicht gerne führen würde? Oder stellen sie noch tiefere Fragen?

Ja, wir meinen, dass solche Gemeinden tiefergehende Fragen haben. Wie bereits beschrieben, ist eine Gemeinde, die eine Kultur des Friedens ist, im Evangelium verwurzelt, das sie verkündet und bemüht ist, zu leben – das „Evangelium des Friedens" (Epheser 6,15). Das verwandelt das Leben auf allen Ebenen. Es beginnt mit dem einzelnen Christen und reicht in die Gemeinde hinein, deren gemeinsames Leben wiederum das Verhalten der Einzelnen verändert.

Dirk Willems

Seit meiner Kindheit ist mir (Alan) ein Kupferstich von Jan Luyken aus dem 17. Jahrhundert sehr vertraut. Auf diesem Bild bückt sich ein Mann am Rande einer brüchigen Eisfläche nieder, um einen anderen, der ins eisige Wasser gestürzt ist und zu ertrinken droht, zu retten. Als Kind begriff ich wenig von dieser Geschichte. Ich wusste, dass sie vor langer Zeit in Holland stattgefunden hatte – im Hintergrund kann man eine Windmühle erken-

nen –, und dass der Retter Dirk Willems († 1569) hieß und sich zu den Täufern hielt.

Aber ich hatte keine Ahnung, was religiöse Verfolgung bedeutete; ich wusste nicht, dass der Mensch, dessen Leben in dieser Szene gerettet wurde, danach gezwungen war, Dirk Willems zu verhaften, was unweigerlich zu dessen Hinrichtung als Ketzer führte. Über die Ungerechtigkeit dieses Vorfalls dachte ich nicht nach, auch nicht darüber, warum Gott das Leben eines seiner Diener nicht verschont hatte. Ich stellte mir nicht die Frage, ob Willems in dieser Situation richtig gehandelt hatte. Hätte er das Weite suchen sollen, selbst wenn sein Verfolger dabei ertrunken wäre? Doch vor allem beschäftigte ich mich nie mit Willems' Beweggründen: Warum brachte er sich nicht in Sicherheit, während sein Verfolger ertrank? Warum kehrte er um, um seinen Feind zu retten?

Seit jener Zeit habe ich die Geschichte von Dirk Willems unzählige Male gehört und auch selbst erzählt. Dieses Bild ist eine Art täuferische Ikone geworden. Und die Frage nach dem Warum ist mir noch eindringlicher geworden. Weshalb kehrte Willems um? Es war offenbar nicht so, dass er sich lange überlegt hätte, wie er sich nun verhalten sollte. Leute, die in kalten Gewässern ertrinken, gehen schnell unter. Als Dirk Willems den Aufschrei seines Verfolgers hörte, blieb ihm also keine Zeit, um sich mögliche Folgen durch den Kopf gehen zu lassen oder verschiedene ethische Alternativen abzuwägen: Er musste schnell handeln. Willems' Verhalten war eine unüberlegte Reflexhandlung. Heute lautet meine Frage daher: Wie ist solch ein Reflex entstanden? Wie hat Dirk Willems diese Haltungen und Gewohnheiten entwickelt, die ihn prompt auf die Not seines Feindes reagieren ließen?[1]

Die Reflexe eines Friedensstifters entwickeln

Reflexe sind wichtig. Wie Willems verfügen wir alle über Reflexe – unüberlegte, spontane Reaktionen auf Stresssituationen. Gewöhnlich heißt die Option Flucht oder Kampf: Entweder gehen wir zum Angriff über oder wir suchen das Weite. Doch Dirk Willems reagierte auf eine Weise, die überrascht und Fragen aufwirft. Seine Reflexe waren durch zwei Dinge geschult worden: seine Erfahrungen mit Jesus Christus und die Entscheidung, ihm nachzufolgen. Als treuer Nachfolger Christi hatte er Gottes Liebe und Vergebung kennengelernt und sich intensiv mit Jesu Leben und Lehre beschäftigt. Als Nachfolger Jesu wusste er, dass er dazu aufgerufen ist, seine Feinde zu lieben. Wie andere Täufer auch, hat er wahrscheinlich um Gottes Führung gebetet, dass er in Stresssituationen entsprechend dem, was Jesus getan und gelehrt hatte, reagieren würde.

Die Lebensweise seiner christlichen Gemeinschaft dürfte die Reflexe von Willems ebenfalls geprägt haben. Willems' Reaktionen sind bei einzelnen Personen denkbar, aber sie werden in der Gemeinschaft geformt. Sie entstehen innerhalb einer Gruppe von Menschen, die Gewohnheiten und Verhaltensnormen prägt. Wahrscheinlich reagierte Willems so, weil er aus einer bestimmten Art von Gemeinde kam, in der Feindesliebe ein Ausdruck der

Liebe zu Gott war, der uns Menschen bis zum Ende liebt und uns lehrt, unsere Feinde zu lieben.

Es gibt Beispiele aus dem 20. Jahrhundert, die zeigen, dass die Reflexe eines Dirk Willems von einer gesamten Gemeinschaft eingeübt werden können. 1934 erhielt eine reformierte Gemeinde in Chambon-sur-Lignon hoch im französischen Zentralmassiv einen höchst ungewöhnlichen Pastor: André Trocmé, ein überzeugter chistlicher Pazifist. Woche für Woche legte Pastor Trocmé den Menschen seine liebsten Bibelstellen aus: das Gleichnis vom barmherzigen Samariter und die Bergpredigt. Als die Nationalsozialisten Frankreich überrannt und damit begonnen hatten, Juden in Vernichtungslager abzutransportieren, begannen die reformierten Christen etwas äußerst Riskantes, was sie ihren „Küchenkampf" nannten: Sie nahmen Flüchtlinge in ihre Häuser und Bauernhöfe auf, gewährten ihnen Schutz und Unterschlupf, und schleusten viele von ihnen über die Schweizer Grenze. Als der Krieg zu Ende war, hatten die etwa 9000 Bewohner jener Gegend fast 5000 Flüchtlinge gerettet oder ihnen geholfen, darunter etwa 3500 Juden – angesichts der ständigen Gefahr von Verhaftung und Tod. Warum haben sie das getan? Eine Frau, die einen kleinen Gasthof bewirtschaftete, meinte, dass diese Reflexe dadurch geprägt worden waren, was sie im Gottesdienst gehört hatte: die Geschichte vom barmherzigen Samariter; die Aufforderung, den Nächsten zu lieben wie sich selbst: „Ich hätte gar nichts anderes tun können, als den Flüchtlingen zu helfen."[2]

Die Bildung des guten Charakters von Dirk Willems oder der Bürger von Le Chambon war mehr als nur die Folge des Wunsches, liebenswürdige Menschen zu sein. Und so ist es auch bei uns: Unsere guten Absichten müssen in christliche Gewohnheiten eingebettet sein, um aufrichtige, christusähnliche Menschen zu werden. Unser Leben muss „geformt werden durch Gewohnheiten, die aus den richtigen Neigungen und Abneigungen entstehen, genauso wie der Boden zubereitet werden muss, ehe die Saat aufgeht".[3]

Gute Gewohnheiten und christliche Werte

Eine gute Gewohnheit bestimmt unser Verhalten, und durch die Wiederholung solchen Verhaltens wird sie zugleich gefestigt. Eine positive Gewohnheit macht uns zu einem Menschen, der bereit ist, sich in einer gewissen Weise zu verhalten. Es ist wie bei guten Fußballern, die sich angeeignet haben, was fürs Fußballspielen erforderlich ist. Sie denken nie darüber nach, wie sie den Ball wohl schießen werden, wenn er ihnen zugespielt wird. Sondern sie können sich auf ihre Reflexe verlassen, denn sie haben sich gute Fußballgewohnheiten angeeignet.

Unsere Gewohnheiten machen aus uns eine bestimmte Art von Mensch. Als Christen pflegen wir Gewohnheiten, die uns helfen, dauerhaft Christus gemäß zu handeln. Wir werden zu rechtschaffenen Menschen, die die Früchte des Geistes in sich tragen (Galater 5,22). Rechtschaffene Menschen entwickeln „praktische Gewohnheiten, die aus rechtschaffenen Handlungen entstehen".[4]

In der Erziehung und Bildung ist die wirksamste pädagogische Methode „learning by doing", also Lernen durch Praxis und Erfahrung. Wir lernen Klavier spielen, indem wir Klavier spielen; Schwimmen lernen wir durch Schwimmen. In ähnlicher Weise lernen wir, liebende Menschen zu werden, indem wir genau das einüben. Wir pflegen die Gewohnheit, zu lieben. Wir entwickeln liebevolle Reflexe.

Soll das heißen, dass wir aus eigenem Antrieb friedliebende Menschen und rechtschaffene Gemeinschaften werden können? Bestimmt nicht. Die Gemeinde, der Leib Christi, wird durch Gottes Gnade und die Kraft des Geistes geformt. Wenn wir davon reden, Gewohnheiten einzuüben und zu entwickeln, schmälert das keineswegs die göttliche Gnade. Doch gnädigerweise benutzt Gott Gewohnheiten, um einen christlichen Charakter zu formen. Und Gottes Gewohnheiten bildendes Wirken ermahnt uns, seine Gnade nicht zu einer billigen Gnade zu machen. Wir sind begrenzt. Wir können uns nicht selbst erlösen. Doch als Christen beruft und befähigt Gott uns, in einer bestimmten Art und Weise zu handeln.[5]

Kommen wir noch einmal auf das Leben und Sterben von Dirk Willems zurück. Ist diese Geschichte zu idealistisch? War seine Reaktion bewundernswert für einen „Heiligen", aber unbrauchbar für die Situationen, in denen wir uns befinden? Haben wir Menschen beobachtet, die so reagierten wie Dirk Willems oder auf die eher übliche Art und Weise, mit Kampf oder Flucht? Was war jeweils die Folge?

Wir meinen, das Nachdenken über Dirk Willems' Verhalten kann Gemeinden helfen, Kulturen des Friedens zu werden. Denn auf der tiefsten Ebene ist die Art Kirche, die wir sind – ob nun eine Kultur des Friedens oder eine andere Art von Kirche – ein Ergebnis unserer Gewohnheiten und Reflexreaktionen. Unsere Reflexe, wie auch unsere moralischen Werte und tieferen Überzeugungen, werden innerhalb einer Gemeinschaft geformt. Sie werden geprägt von den Menschen, mit denen wir auf der innigsten Ebene verkehren und am tiefsten verbunden sind. Wie Dirk Willems werden wir durch andere geprägt.

Wer prägt Sie? Wer trainiert Ihre Reflexe? Ihre Gemeinde? Ihre Familie und Freunde? Werbung, Fernsehprogramme und Kinofilme? Wenn es Ihre Gemeinde tut – prägt sie Sie so, dass Sie in Ihren persönlichen Reaktionen und Ihrem Leben überhaupt die Lehre und den Weg Jesu wiederspiegeln? Oder kommen die Menschen in unseren Gemeinden manchmal so schlecht miteinander klar, dass wir kaum eine Chance haben, unsere Feinde zu lieben, weil wir nicht mal einander lieben? Behandeln wir einander manchmal vielleicht sogar wie Feinde?

Die Gemeinde als eine Kultur des Friedens

Die Gemeinde ist dazu aufgerufen, eine Kultur zu sein, die von Gott geprägt ist, den wir anbeten, und von der Geschichte, die wir hören und weitersagen. Wir Christen sind nicht dazu berufen, uns gegen die Kultur zu stellen; unser Leben und Zeugnis werden sich unvermeidlich in kultureller Form ausdrücken.[6] Doch wir haben eine aufregende Bestimmung – wir werden keine „moralische Mehrheit" innerhalb der Kultur unserer Länder sein, sondern eine prophetische Minderheit. Im Großteil des Westens dominieren Christen nicht mehr (vielleicht sind die USA hier eine Ausnahme, wo die neochristliche Rechte über bedeutenden Einfluss verfügt), in anderen Teilen der Welt war das ohnehin noch nie der Fall.

Viele von uns leben heute in einem multikulturellen Umfeld, in dem andere Sichtweisen zumindest teilweise respektiert werden. Dadurch haben wir die Möglichkeit, eine eigenständige kulturelle Identität zu entwickeln, die unserem Leben in der Gemeinschaft mit Jesus Christus entspringt. Hier haben wir die Chance, christusähnliche Gewohnheiten und Tugenden zu entwickeln. Diese unverkennbaren Handlungsweisen entsprechen der Lehre und dem Weg Jesu. Weil wir ihm folgen und ihn anbeten, räumen wir ihm die höchste Autorität in unserem Leben und im Leben unserer Gemeinschaften ein. Da wir „Herr, Herr" rufen, wollen wir lernen, das zu tun, was er von uns erwartet (Matthäus 7,21). Somit begeben wir uns auf eine Reise der Verwandlung, sowohl persönlich als auch gemeinsam.

Nur indem wir uns „Kulturen des Friedens" nennen, macht uns das nicht automatisch zu einem Volk des Friedens. Es braucht mehr als nur gute Absichten. Ein Friedensvolk zu werden, setzt das Ringen zwischen der gottgegebenen Freiheit und unseren menschlichen Begrenzungen voraus.

Geschaffen im Ebenbild Gottes, besitzen wir die Fähigkeit zur „Selbsttranszendenz", eine „Wandlungsfähigkeit", die durch „flüchtige Blicke auf das Ewige und Absolute in der menschlichen Natur" ermöglicht wird.[7] Diese Selbsttranszendenz ist ein Ausdruck unserer menschlichen Freiheit, die uns die Option gewährt, entweder zu sündigen *oder* den zeitlich begrenzten und natürlichen Prozess, in dem wir uns befinden, zu überwinden.

Doch wir sind auch begrenzte Wesen. Die Fähigkeit zur Selbsttranszendenz bedeutet nicht, dass wir vollkommen wären. Unser Wunsch nach Selbsttranszendenz mag äußerst edel sein, unsere Begrenztheit werden wir nicht selbst überwinden. Mein Ich ist immer ein begrenztes Ich.

Aufgrund unserer Begrenztheit und Sünde müssen wir uns bewusst aufmachen, ein Volk des Friedens zu werden. Wir dürfen nicht davon ausgehen, dass unsere menschliche Natur uns auf den Pfad führt, der uns in ein Friedensvolk verwandelt. Wir mögen über das schöpferische Vermögen verfügen, uns selbst zu entwickeln. Doch da wir zugleich sündige Menschen sind, macht uns das demütig. Allzuoft neigen unsere menschlichen Wünsche zu Dingen, die dem Frieden abträglich sind. Wir müssen dem Heiligen Geist bewusst und mit einer gewissen Disziplin gestatten, unseren christlichen Charakter so zu verändern, dass wir Christus immer ähnlicher werden (Römer 8,29; 12,2; Galater 4,19; Philipper 2,5; 2. Korinther 3,17–18).

Eine Kultur des Friedens zu werden, setzt voraus, dass konkretes Verhalten und geistliche Überzeugungen zusammen kommen. Beides gehört zusammen. Ein Leben im Glauben dreht sich um Gott und wird von ihm gemäß seiner göttlichen Gnade gestaltet, ohne menschliche Bemühungen beiseite zu schieben (Römer 3,21–24; 8; Galater 5; 1. Korinther 9,24–27).

Ein Leben als Kultur des Friedens erfordert mehr als bloße Ideen und Überzeugungen. Es verlangt von uns, dass wir Glaubensgebäude, Werte, Hingabe, Einstellung, Lebensstil und Glaubenspraktiken miteinander in Einklang bringen. Unsere Einstellungen, unser Verhalten und unsere Handlungen werden unser gesamtes Leben gestalten und bestimmen. Als Friedensvolk werden unsere inneren Überzeugungen mit dem äußeren Leben übereinstimmen.

Das Leben der Gemeinde bietet uns Christen eine erstaunliche Gelegenheit. Mit den Worten des Theologen Stanley Hauerwas können wir „Zeichen des Friedensreiches inmitten der Welt" werden.[8] Der katholische Theologe Gerhard Lohfink beschreibt es so, dass wir eine „Kontrastgesellschaft" werden können.[9] Wir können uns mit Christen anderer Traditionen zusammentun, um gemeinsam „Nonkonformisten" zu werden, die sich keiner Kultur, sondern Jesus anpassen wollen (Römer 12,2). Wir können neue Reflexe entwickeln, entdecken, dass Neues möglich oder wert ist, daran zu arbeiten. Eine solche Gemeinde, die diesen Herrn anbetet, verleiht dem Begriff „Kultur des Friedens" wirklich Sinn.

Wenn die Kirche zur Heilung der Welt beitragen soll, müssen wir Gott erlauben, uns, ihre Glieder, zu verändern. Gott sehnt sich danach, uns in den Leib Christi zu verwandeln, in dem Christus lebt, indem er die Konflikte in unseren Beziehungen und Gemeinschaften durch Vergebung, Gebet und das Wirken des Heiligen Geistes verwandelt. Gott sehnt sich nach einem Volk, das das Evangelium tatsächlich als wahr erachtet und zu einem Volk des Friedens und der Vergebung wird. Gott lädt uns in Christus ein, seinen Frieden anzunehmen und zu lernen, wie man zum Friedenstifter wird. Richard Chartres, seit 1996 anglikanischer Bischof von London, schreibt:

> „Die Hauptfrage bei jeder menschlichen Gesellschaft wird die Frage sein, wie wir miteinander umgehen, wie wir in Frieden zusammenleben, und die Gemeinde als eine Art Beziehungsschule ... ist hervorragend geeignet, dazu beizutragen."[10]

Durch die Vermeidung von Konflikten wird uns das nicht gelingen. Wir werden es schaffen, indem wir – wie Dirk Willems und die Menschen von Le Chambon – Gewohnheiten und Reflexe einüben, die uns befähigen, positiv und hoffnungsvoll mit Konflikten umzugehen. Durch Christus hat Gott Frieden mit uns geschlossen. Und Gott will uns ausrüsten, damit wir Frieden miteinander schließen können. Dadurch werden wir auch befähigt, Friedensstifter in der Welt zu werden. Die Kirche kann der Welt nur das anbieten, was sie selbst in ihrem eigenen Inneren gelernt hat.

Doch wie funktioniert das? Wie können wir eine „Beziehungsschule" werden? Wie werden wir Lehrlinge in der Kunst des Friedensstiftens? Wie können wir zu einer prophetischen Minderheit werden, deren Reflexe aus Feindesliebe und Friedenstiften bestehen? Wie werden wir eine Kultur des Friedens in einer Welt voller Kriege?

Die Disziplinen des Friedensstiftens

Die neutestamentlichen Verfasser geben uns viele Anhaltspunkte. Die Lehre Jesu in Matthäus 18 schenkt uns einen besonders wichtigen Hinweis: Wir sind nicht imstande, Frieden in der Welt zu stiften, bis wir gelernt haben, Frieden innerhalb der Gemeinde zu stiften.[11]

Die Verse 15 bis 20 in Matthäus 18 waren eine der Lieblingsstellen der Täufer im 16. Jahrhundert. Diese Verse befassen sich mit dem Fall, dass *dein Bruder Schuld auf sich geladen hat*. Sie stellen einen Weg für den Umgang mit Sünde innerhalb der Gemeinschaft dar. Die Erfahrung lehrt uns, dass im Falle eines Konfliktes in der Gemeinde zumindest der Verdacht besteht, dass Glieder aneinander schuldig geworden sind. Dieser Bibelabschnitt beinhaltet Prinzipien, die sich allgemein bei Spannungen in unseren Gemeinden anwenden lassen.

Jesus geht davon aus, dass es Probleme in der Gemeinde geben wird

In Matthäus 18,15 sagt Jesus, was zu tun sei, wenn ein Bruder oder eine Schwester *Schuld auf sich geladen hat*.[12] Er bringt nicht zum Ausdruck, dass dies überraschend wäre. Menschen sündigen. Tatsächlich werden Sünden in unseren Beziehungen oft erst dann sichtbar, wenn Menschen ihre Beziehungen ernst nehmen und ihr Leben nicht nur oberflächlich miteinander teilen. Menschen sündigen auch in der Gemeinde; manchmal sündigen „sie" gegen „uns". Natürlich sündigen wir auch selbst gegenüber anderen. In Matthäus 5,23 erinnert uns Jesus daran, dass unser Bruder oder unsere Schwester uns gegenüber *etwas vorzuwerfen* haben könnte und wir deshalb aufgerufen seien, auf die Sicht des anderen einzugehen. Es ist in beiden Fällen klar, dass es immer Sünde und Konflikte in der Gemeinde geben wird. Die Frage lautet nur: Wie kommen wir damit klar?

Jesus sagt: *Dann geh zu ihm hin*

Jesu Weisung lautet nicht, „Frieden zu halten", sondern auf den Konflikt einzugehen. Vermeide Konflikte nicht, sagt Jesus. Gehe den Konflikt an. Sagen Sie die Wahrheit – nicht *über* Ihren Nachbarn, sondern sprechen Sie direkt *mit* ihm. Beschweren Sie sich nicht bei anderen. Gehen Sie statt dessen direkt auf Ihren Bruder oder Ihre Schwester zu, und zwar alleine. Tratschen Sie nicht darüber. Warum? Wenn wir uns bei einer dritten Person über eine zweite beschweren, anstatt sie selbst direkt anzusprechen, behandeln wir sie wie einen Feind. So verhalten wir Menschen uns häufig, wenn wir in einen Konflikt geraten. Dabei ist es besonders schädlich, wenn man damit einem Konflikt aus dem Weg gehen will. Es führt nur zur Eskalation, wenn man eine dritte Partei auf unangemessene Weise mit hineinzieht.

Ein Feind ist jemand, *über* den man spricht anstatt *mit* ihm. Einem Feind hört man nicht zu. Ein Feind wird entmenschlicht und etikettiert. Darum sagt Jesus in Matthäus 18: Sei direkt, behandle den offensichtlich irrenden Mitchristen als Bruder oder Schwester und nicht als einen Feind. Das verlangt Direktheit und Konfrontation – sogar eine ganz besondere Art der Konfrontation.

Viele Kulturen heute sind „indirekte Kulturen", in denen es im Streit besonders schwer fällt, den Bruder oder die Schwester direkt anzusprechen. Die meisten Kulturen haben dennoch Wege gefunden, einen Konflikt anzusprechen und zu klären. Daher ist es wichtig, kreative Wege zu finden, um Kontakt zu suchen und die Kultur nicht als Entschuldigung dafür zu gebrauchen, dem anderen aus dem Weg zu gehen. Vielleicht müssen wir mit dem Glaubensbruder oder der -schwester in Gegenwart einer dritten Person, die beide Seiten respektieren, reden. Das kann ein Gemeinde- oder Dorfältester sein, der dafür zu sorgen hat, dass im Laufe der Unterhaltung alle ihr Gesicht wahren. Doch vielleicht gibt es in unserem Fall auch einen anderen Weg. Es geht darum, dass man einen kulturell angemessenen Weg findet, um die strittige Frage direkt gegenüber und mit dem anderen Mitglied unserer Gemeinschaft anzusprechen, wenn es Spannungen gibt.[13]

Jesu Art, zu konfrontieren, ist von einem klaren Reden ohne Vorwürfe und einem aktiven, überlegten Zuhören gekennzeichnet. Jesus erklärt, dass das erste Ziel, auf jemanden zuzugehen, darin besteht, das Zuhören zu ermöglichen. Viermal betont Jesus (Matthäus 18,15.16.17), dass das Gegenüber zum Zuhören eingeladen ist. Jesus ruft seine Jünger zu einem Gespräch auf, bei dem beide Seiten ihre Ansichten von sich geben und die des anderen aufnehmen. Wenn ein solcher Prozess beginnt, ist der Ausgang unklar, denn es handelt sich um einen Dialog. Es kann sein, dass wir im Laufe eines Gespräches in unserer Sicht bestärkt werden und unser Gesprächspartner neue Einsichten erhält – und herausgefordert wird, Buße zu tun. Wir könnten allerdings ebenso entdecken, dass eine Wahrheit, eine Sichtweise oder ein Schmerz unseres Gegenübers unser eigenes Verständnis verändert. Vielleicht erkennen wir sogar, dass der größere Anteil an Fehlverhalten bei uns liegt und wir die Lage falsch eingeschätzt haben und daher Buße tun müssen. Um solch eine Qualität der Kommunikation zu erreichen, sind eindeutiges Reden und achtsames Hinhören wesentliche Voraussetzungen.

Jesus zeigt, wie wir mit ungelösten Konflikten umgehen können

Wenn das Gespräch unter vier Augen nicht zur Wiederherstellung der Beziehung führt, geht der Prozess weiter. Für jede Etappe betont Jesus das Zuhören. Wir sollen eine oder zwei Personen hinzunehmen, die bestätigen sollen, was gesagt wird, indem sie sorgsam hinhören, und zwar, damit auch die andere Seite zuhört. Das übergeordnete Ziel ist natürlich, den Bruder oder die Schwester neu zu gewinnen und das Leben der Gemeinschaft wiederherzustellen. Wenn unser Gegenüber sich diesem Prozess entzieht, sollen wir *den Fall vor die Gemeinde* bringen. Was auch immer wir genau darunter verstehen, nun muss die Gemeinschaft eine Klärung herbeiführen. Doch wenn sich der Missetäter sogar weigert, auf die Gemeinde zu hören, wie geht es dann weiter?

Dann sollten wir ihn behandeln *wie einen, der von Gott nichts wissen will und ihn verachtet.* Jesus stellt klar, dass das Zuhören zu den zentralen Werten der Gemeinschaft gehört. Durch die Weigerung, zuzuhören, stellen sich diese Menschen bewusst außerhalb der Gemeinschaft. Sie achten deren Kernwerte nicht; sie weigern sich, ihre eigenen Reflexe von den Reflexen der Gemeinschaft verändern und trainieren zu lassen. Sie haben sich entschieden, sich von den Werten, Gewohnheiten und Reflexen der christlichen Gemeinschaft zu distanzieren. Sie haben sich selbst zu Außenstehenden gemacht. Schnell werden unbußfertige Brüder und Schwestern von der Gemeinde als Außenstehende behandelt: „Lasst sie ziehen. Das ist ihre eigene Entscheidung."

Vielleicht hätten die Pharisäer zur Zeit Jesu dasselbe gesagt. Ihnen ging es vor allem um das korrekte Einhalten der Ordnungen und um rituelles Verhalten. Doch Jesus fordert zu einem schwierigeren Weg auf. Er sagt, man solle den ausgeschlossenen Bruder oder die ausgeschlossene Schwester behandeln *wie einen, der von Gott nichts wissen will und ihn verachtet,* wie einen *Heiden und Zöllner* (Luther). Wie aber ist Jesus selbst Heiden und Zöllnern begegnet? Mit Liebe und Hoffnung. Es ist eine Herausforderung, anzuerkennen, dass sich der Bruder oder die Schwester selbst durch die Weigerung, zuzuhören, von der neuen Kultur der messianischen Gemeinschaft entfernt hat. Und es ist eine weitere Herausforderung, sie gleichzeitig zurück in die Gemeinschaft zu ziehen. Das Verhältnis *hat* sich gewandelt; Vers 17 weist darauf hin, indem der andere nun als jemand, *der nicht hören will,* bezeichnet wird. Aber das heißt nicht, jemanden aufzugeben. Selbst wenn eine Person nicht mehr als volles Mitglied der Gemeinschaft gesehen werden kann, ruft Jesus seine Jünger – und uns – dazu auf, diese Person nicht aufzugeben, sondern die zweite Meile zu gehen und uns dafür einzusetzen, sie der Gemeinschaft wieder hinzuzufügen.

Jesus verspricht, in diesem Friedensprozess gegenwärtig zu sein

Ich bin in ihrer Mitte (Vers 20). Oft beziehen Christen diesen Vers auf jedes Treffen von Gläubigen. Doch im Zusammenhang wird deutlich, dass Jesus verspricht, gegenwärtig zu sein, während seine Jünger mit den Zwistigkeiten des gemeinsamen Lebens ringen. Während sie liebevoll konfrontieren. Während sie versuchen, die Kunst konstruktiven Redens und aktiven Zuhörens zu praktizieren. Wenn wir also gerade dabei sind, jemanden anzusprechen, dem wir Unrecht getan haben oder der an uns schuldig geworden ist, können wir beten: „Jesus, du hast versprochen, unter uns zu sein. Sei bitte jetzt bei uns, wo wir unterschiedlicher Meinung sind und gemeinsam deinen Weg suchen."

Das sind Anweisungen für Sünder, denen vergeben wurde. Sie sind nicht für eine makellose Gemeinde gedacht, sondern für eine Gemeinde von Menschen, denen Gott vergeben hat. Unmittelbar im Anschluss an diesen Abschnitt im Matthäusevangelium erinnert Jesus Petrus daran, dass die Mitglieder seiner Gemeinschaft grenzenlos vergeben sollen: 70 mal sieben (18,21–22). Der große amerikanische Baptistenprediger und Bürgerrechtler Dr. Martin Luther King jr. brachte Jesu Absicht gut auf den Punkt: „Vergeben wird zu einer Einstellung, keiner isolierten Tat."

Jesus fährt fort und erzählt die Geschichte vom „unbarmherzigen Schuldner" (Verse 23–35). Damit sagt er seinen Jüngern: Wenn ihr in einen Konflikt geratet, dann als Menschen, denen vergeben wurde, mit anderen Menschen, denen ebenfalls vergeben wurde. Und eure Bereitschaft, zu verzeihen, hängt davon ab, ob ihr erkennt, in welchem Ausmaß jedem von euch vergeben wurde. Wir alle sind Schuldner; unser Friedensstiften wurzelt in Gnade! Darum gehen wir auf unseren Bruder oder unsere Schwester zu, und konfrontieren sie *in Demut* – aber wir tun es, weil Aufrichtigkeit in Beziehungen in der Gemeinde notwendig ist.

Jesu Anweisungen zu Konflikten und zum Friedenstiften in der Gemeinde sind die Grundlagen einer Kultur des Friedens. Sie stellen die Verbindung her zum Kern dessen, was wir als Christen glauben: Gottes grenzenlose Liebe uns gegenüber, Gottes Vergebung durch Christus sowie Gottes Ruf, ein Volk zu sein, das vergibt. Und sie geben uns die Kraft, eine konfrontierende Art des Friedensstiftens zu praktizieren, damit Vergebung praktisch wird.

Jesus verspricht nicht, dass seine Lehre von Matthäus 18,15–20 stets zum „Erfolg" führen wird. Manchmal führt das direkte Zugehen auf jemanden, der uns gekränkt hat, zu heilsamen Selbstoffenbarungen und einer wundervollen Wiederherstellung von Beziehungen. Und manchmal nicht. Vielleicht weigern sich die Leute, zuzuhören, oder wir selbst brechen den Prozess ab. Es gibt Situationen, in denen ein deutliches Machtgefälle den direkten Zugang schwierig oder anscheinend unmöglich macht. Immerhin hat Jesus eine Vorgehensweise eingeführt – *nimm eine oder zwei Personen mit dir* –, die zumindest teilweise darauf angelegt ist, genau damit umzugehen.

Jesus war leidenschaftlich darum bemüht, dass seine Jünger sich nicht vom Friedensstiften innerhalb ihrer eigenen Gruppe abhalten ließen. Und es ist auffällig, dass Jesus seine Jünger „die Kirche" (*ekklesia*) nennt, als er sie mit dem Rüstzeug des Friedensstiftens ausstattet.[14] Wenn Jesus von der Kirche redet, dann äußert er sich nicht zu Strukturen, Leitungsformen oder Anbetungsstilen. Sondern er spricht von einer versöhnten Gemeinschaft, die versöhnt. Für Jesus besteht die Kirche aus Gemeinschaften seiner Jünger, die zu Gemeinschaften des Friedens werden.

Anmerkungen

1 Siehe Joseph Liechty, „Why Did Dirk Willems Turn Back? Examining Motives for Nonviolent Love", *Anabaptism Today* 6 (Juni 1994), 7–12.

2 Philip P. Hallie, ... *dass nicht unschuldig Blut vergossen werde – Die Geschichte des Dorfes Le Chambon und wie dort Gutes geschah.* (Neukirchener Verlag, Neukirchen-Vluyn ³1990); s. a. André Trocmé, *Von Engeln und Eseln – Geschichten nicht nur zu Weihnachten* (Neufeld Verlag, Schwarzenfeld ²2008); David P. Gushee, *The Righteous*

Gentiles of the Holocaust – A Christian Interpretation (Minneapolis, Fortress Press, 1994), 136–137, 144.

3 Aristoteles, *Ethik*, 1179b25–26, gefunden bei Stanley Hauerwas, *A Community of Character – Toward a Constructive Christian Social Ethic* (Notre Dame, University of Notre Dame Press, 1981), 137.

4 William Fleming und Chas. P. Krauth, *The Vocabulary of Philosophy – Mental, Moral, and Metaphysical* (Philadelphia, Smith, English and Co., 1860), 549.

5 Nancey Murphy, „Using MacIntyre's Method in Christian Ethics", in: *Virtues and Practices in the Christian Tradition, Christian Ethics after MacIntyre,* Nancey Murphy, Brad J. Kallenberg und Mark Thiessen Nation, Hrsg. (Harrisburg, PA, Trinity Press International, 1997), 40.

6 Rodney Clapp, *A Peculiar People – The Church as Culture in a Post-Christian Society* (Downers Grove, IL, InterVarsity Press, 1996).

7 Der erste und dritte Ausdruck gehen auf Reinhold Niebuhr zurück, der zweite stammt von M. Scott Peck. Siehe Reinhold Niebuhr, *The Nature and Destiny of Man,* Vol. I, *Human Nature, Library of Theological Ethics,* reprint edition (Louisville, KY, Westminster John Knox Press, 1996), 152, 154–156; M. Scott Peck, *The Different Drum, Community Making and Peace,* Touchtone Book, second Touchtone edition (New York, Simon and Schuster, 1998), 179; Reinhold Niebuhr, *The Essential Reinhold Niebuhr,* Robert McAfee Brown, Hrsg. (New Haven und London, Yale University Press, 1986), 63.

8 Stanley Hauerwas, *The Peaceable Kingdom – A Primer in Christian Ethics* (London, SCM Press, 1984), 99.

9 Gerhard Lohfink, *Wie hat Jesus Gemeinde gewollt? – Zur gesellschaftlichen Dimension des christlichen Glaubens* (Herder, Freiburg [4]1982), 142.

10 *Independent* (eine britische Tageszeitung), 6. September 1995. Eine weitere Metapher für die Gemeinde: „Die Gemeinde ist eine Werkstatt, in der die Kunst des Lebens gelehrt und eine Lehre zur Kunst des Friedensstiftens angeboten wird." (L. Gregory Jones, *Embodying Forgiveness – A Theological Analysis* [Grand Rapids, Eerdmans, 1995]).

11 Unsere Auslegung von Matthäus 18,15–20 ist angelehnt an Stanley Hauerwas, „Peacemaking, The Virture of the Church" in seinem Buch *Christian Existence Today – Essays on Church, World, und Living Between* (Durham, NC, The Labyrinth Press, 1988), 89–97; sowie John H. Yoder, „Practicing the Rule of Christ," in: *Virtues and*

Practices in the Christian Tradition, Christian Ethics after MacIntyre, Nancey Murphy, Brad J. Kallenberg und Mark Thiessen Nation, Hrsg. (Harrisburg, PA, Trinity Press International, 1997), 132–160.

12 Manche biblischen Urtexte fügen „gegen dich" hinzu.

13 David Augsburger, *Pastoral Counseling across Cultures* (Philadelphia, Westminster Press, 1986).

14 Matthäus 18,17; sonst benutzt Jesus das Wort *ekklesia* nur noch in Matthäus 16,18.

5. Haltungen und Fähigkeiten zum Frieden

Konflikte gehören zum Leben
„Du sollst nett sein. Sei stets nett. Wahrlich, ich sage dir, Nettsein ist die Hauptsache beim Christsein."[1] Auf ironische Art und Weise hat der US-amerikanische Friedensaktivist und -forscher John Paul Lederach zum Ausdruck gebracht, dass Christen sich in Konfliktsituationen häufig an das ungeschriebene Gesetz hielten: „Sei immer nett."

Doch in Sachen Konflikt war Jesus revolutionär. Niemals sagte er: „Seid nett zueinander." Er hat Konflikte nicht unter den Teppich gekehrt. Er betrachtete Konflikte als etwas Normales. Seine eigenen Friedensaktivitäten führten Jesus in Konflikte: *Meint nur nicht, dass ich gekommen bin, um Frieden auf die Erde zu bringen! Nein, ich bringe Auseinandersetzung* (Lukas 12,51). Nach der Auferstehung wurden auch seine Jünger mit Streitfällen konfrontiert. Die Zusammensetzung ihrer Gruppen führte zu Problemen und Streit. Das war unvermeidlich, denn Gott hatte sehr unterschiedliche Menschen als Mitglieder seiner Friedensgemeinschaften zusammengeführt – Menschen, die an sich nicht zusammengehörten. Ohnehin sind Konflikte bei neuen religiösen Bewegungen wie der Urkirche vorprogrammiert. Es scheint eine Regel zu sein, dass Meinungsverschiedenheiten unvermeidlich sind, wenn Menschen ihr Leben und bestimmte Fragen ernst nehmen. Konflikte gab es von Anfang an in der Christenheit. Die biblischen Ausführungen machen deutlich, dass diese Streitfälle oftmals bedeutend und hilfreich waren.

In manchen Kulturen rechnet man eher damit, dass Konflikte etwas Gutes mit sich bringen können. Das chinesische Schriftzeichen, das Konflikt oder Krise bedeutet, besteht aus zwei Symbolen: Das eine bedeutet *Gefahr,* das andere *Chance.* Streit kann tatsächlich gefährlich werden; er kann menschliche Beziehungen zerstören und zum Verlust von Eigentum und sogar des Lebens führen. Aber Konfliktfälle können streitenden Parteien ebenso die Chance bieten, ihre Beziehungen und das gesellschaftliche Gefüge zu verändern und so zur Heilung der gesamten Gemeinschaft beizutragen.

Ein Beispiel dafür liefert Apostelgeschichte 6,1–7: der erste aufgezeichnete Konfliktfall der Urkirche, der die gesamte Gemeinschaft betraf. Es handelte sich um einen Streit zwischen Hebräern und Hellenisten. Das kirchliche Programm zur täglichen Speisung der Bedürftigen funktionierte nicht; die schwächsten Glieder der Gemeinschaft – die Witwen unter den hellenistischen Einwanderern –, wurden vernachlässigt. Also beschwerten sich die Hellenisten. Das führte zum Konflikt und brachte einen faszinierenden Prozess ins Rollen.

Die Leiter der messianischen Gemeinschaft in Jerusalem haben die Klagenden nicht kritisiert; sie nahmen die Beschwerden als Anzeichen eines wirklichen Problems ernst. Darum riefen sie die gesamte Gemeinschaft zusammen. Sie erinnerten die Menschen an ihre ganzheitliche Vision, die Menschen körperlich wie geistlich zu ernähren. Dann begann ein interaktiver Entscheidungsprozess, an dem alle teilnahmen.

Das Ergebnis machte Mut. Für das Verteilen wählte die gesamte Gemeinschaft Männer aus der schwächeren Gruppe aus – das lässt sich an ihren hellenistischen Namen erkennen. So stellte man sicher, dass alle zu essen bekamen und dass das Wort weiterhin verkündigt werden konnte.

Dies ist ein Indiz aus den ersten Tagen der Kirche dafür, dass die Reibung zwischen verschiedenen Gruppen produktiv sein kann. Gottes Geist wirkt nicht ausschließlich durch prophetische Worte, sondern auch durch weises Vorgehen. Gott benutzt einen interaktiven Ansatz, der aus Gespräch und ehrlichen Aussagen besteht, um Fragen zu klären und Gemeinschaften voranzubringen. Konfliktfälle können notwendig sein, damit die guten Absichten Gottes Wirklichkeit werden. Carolyn Schrock-Shenk hat beobachtet, dass Konflikte ein Weg sein können, auf dem wir uns selbst, andere Menschen und auch Gott besser kennenlernen.[2]

Doch achten wir auf die enthaltene Warnung: Wenn Streit nicht zugegeben wird, wenn Konflikte gefürchtet oder ausschließlich als verwerflich angesehen werden, wird die Gesamtlage nur noch verschlimmert. Die Folgen davon sind unangenehm: Zorn, Depression, Ausbrüche, zerstörte Beziehungen, beschädigte Menschen, die der Gemeinde entfremdet sind. Wie oft war genau das der Fall! Gemeinden haben sich bemüht, Streit zu umgehen; sie haben alles getan, um den „Friedenszustand" so lange wie möglich hinauszudehnen. Doch das Ergebnis waren Wutausbrüche und Feindseligkeit, die zerbrochene Beziehungen und gespaltene Gemeinden und Kirchenverbände hinterließen. Das hat in vielen Ländern dazu geführt, dass Christen gleich gesetzt werden mit Konfliktunfähigkeit. Wir persönlich müssen gestehen, dass sich die täuferisch-mennonitische Tradition, in der wir zuhause sind, nicht anders verhalten hat. Sie hat vielleicht das Thema Frieden betont, doch ihre Geschichte ist von zahlreichen Spaltungen gezeichnet.

Unsere Gesellschaft hat Probleme mit Konflikten

Wir Christen haben Schwierigkeiten damit, Jesu Lehre anzunehmen und in die Praxis umzusetzen. Das fällt uns schwer. In den meisten Fällen leben wir in einer Umgebung oder Kultur, die mit positivem Streit oder mit Friedenstiften nicht viel anfangen kann. Allgemein befinden wir uns in einer Welt der Polarisierung zwischen Denken und Handeln, in einer Welt von Gewinnern und Verlierern. Und leider funktionieren Gemeinden oft nicht viel anders als der Rest der Gesellschaft – oder sogar noch schlechter, anstatt ein hoffnungsvolles alternatives Zeugnis zu bieten.

Unsere Gemeinden können lernen, konstruktiv mit Konflikten umzugehen

Leider ist die Kultur unserer Gemeinden oft geradezu berüchtigt für ihre mangelnde Konfliktfähigkeit. Nichtchristen, sofern sie uns überhaupt kennen, bespötteln unsere Streitsucht und Heuchelei. Doch das muss nicht so sein. Unsere Gemeinden können christliche Kulturen des Friedens werden, die – als ein Aspekt unseres Friedensstiftens – mit Konflikten umgehen können.

Die Grundfertigkeiten eines konstruktiven Umgangs mit Streit zu verstehen, ist nicht schwer. Aber es dauert ein Leben lang, sie sich anzugewöhnen. Es bleibt also eine dauernde Herausforderung. Genauso wie eine gute Fußballmannschaft oder ein hervorragendes Orchester nicht an einem einzigen Tag entstehen kann, braucht auch die Entwicklung einer Kultur des Friedens ihre Zeit. Zu lernen, Friedensstifter zu sein, wird unseren Gemeinden bis zum Ende der Weltgeschichte als Aufgabe erhalten bleiben. Als Christen, die sich dem Frieden verpflichtet wissen, ist es beschämend, zu beobachten, wie sich Soldaten einer rigorosen Ausbildung unterwerfen, um sich auf den Ernstfall vorzubereiten. So wie Soldaten die Fertigkeiten der Kriegsführung trainieren, müssen auch wir, die Friedensstifter sein wollen, uns Wissen aneignen und die Fähigkeiten trainieren, die es dazu braucht. Dazu brauchen unsere Kirchen visionäre Leiter, die allen Gemeindegliedern den Weg Jesu, Frieden zu stiften, vorleben und erklären.

In der *Oxford Road Church* in Mexborough, England, ist das bereits der Fall: In dieser Gemeinde hatte es tiefe Konflikte gegeben. Doch in den letzten Jahren beschäftigte sie sich intensiv damit, wie das Vorgehen, das Jesus in Matthäus 18 beschreibt, praktisch angewandt werden könnte. Eine Zeit lang hingen neben den Lobpreis-Bannern Poster an der Wand, die die Gemeindeglieder daran erinnerten, was es heißt, Frieden zu stiften. Auf einem Poster stand: „Die Schritte zur Versöhnung: Unter vier Augen.

Erzähle keinem anderen davon. Wenn das nicht gelingt, nimm jemanden hinzu ..." Das ist keine vollkommene Gemeinde. Es gibt keine vollkommenen Gemeinden. Sondern es ist einfach eine Gemeinde, die bereit war, zu lernen, mit ihren unvermeidlichen Macken umzugehen wie Jesus, und die in ihrem Leben und Zeugnis Einheit findet.

Mennonitengemeinden in Indonesien erwarten von angehenden Pastoren eine Ausbildung im Friedensstiften und in Konflikttransformation, so dass sie das Verständnis und die Fähigkeiten mitbringen, mit Streit umzugehen, und zwar sowohl innerhalb der Gemeinde als auch in der Gesellschaft. Im Sinne einer Multiplikation werden diese Pastoren genau das auch den Gemeindegliedern weitergeben. Diese Gemeinden bauen an einer Kultur des Friedens. In ähnlicher Weise bemühen sich Gemeinden anhand des Dokumentes „Einig und uneinig ... in Liebe!" darum, leitende Mitarbeiter wie die ganze Gemeinde entsprechend fortzubilden (siehe Anhang 1, Seite 184).[3]

Die meisten Gemeinden brauchen nicht etwa weniger Streit, sondern mehr: Natürlich braucht es nicht noch mehr destruktive Konflikte, sondern die viel ausgeprägtere Fähigkeit, mit unvermeidlichen Meinungsverschiedenheiten und Spannungen offen und konstruktiv umzugehen. Gemeinden müssen begreifen, dass das Nichtvorhandensein offenkundigen Streits nicht automatisch Frieden bedeutet. Die Bibel offenbart einen Gott, der den falschen Frieden verabscheut. Die Propheten verurteilten wiederholt Anbetungsstätten, die „*Schalom, Schalom*" proklamierten, obwohl da gar kein *Schalom* war (z. B. Jeremia 6,14; Hesekiel 13,10). Als Jesus in die Kirche ging (den Tempel in Jerusalem), störte er den Frieden. Er warf die Tische um und geißelte die Ungerechtigkeit im Namen des wahren Friedens (Markus 11,15–18). Gott sehnt sich nach dem Frieden, der sich aus aufrichtigen Beziehungen ergibt; ein Friede, der in Gerechtigkeit wurzelt und die Wahrheit zum Ausdruck bringt.

Sich in Friedensstifter verwandeln lassen

Gott ist ein Friedensstifter und ruft uns auf, uns seinem friedensschaffenden Dienst anzuschließen. Darum sagte Jesus, *Glücklich sind, die Frieden stiften* (Matthäus 5,9). Die Friedensstifter werden gesegnet. Als Kinder Gottes sind sie am Auftrag Gottes beteiligt und spiegeln seinen Charakter wieder. Die Nachfolger Jesu, die Jesus zuhören, ihn beobachten und ihm folgen, werden in sein Ebenbild verwandelt; sie werden ihm stets ähnlicher (Römer 8,29).

Als Menschen, die uneingeschränkte Liebe und Vergebung empfangen haben, brauchen wir keine Ablehnung zu fürchten, wenn wir ihm folgen und uns auf Konflikte einlassen. Jesus hat uns gezeigt, dass der Friede nicht ohne Streit zu haben ist, und dabei hat er uns seiner Gegenwart versichert. Darum können wir mitwirken, während er an uns arbeitet, uns heiligt, indem er uns umgestaltet, so dass wir *von seinem Frieden erfüllt* tun, was ihm gefällt (Hebräer 12,11). Wir werden verwandelt, während Gott uns die Haltungen und Fähigkeiten – Tugenden – beibringt, die uns ermöglichen, durch konstruktiven Streit Frieden zu schaffen.

Eine Tugend spiegelt stets eine Mischung von Qualität und Kraft wieder. Ein Messer zum Beispiel besitzt die Qualität der Schärfe, eine Uhr besitzt die Qualität der Genauigkeit, ein Mensch, der vergibt, verfügt über die Qualität, anderen zu vergeben, selbst einem Feind. Jemand mag über die ausgezeichnete Fähigkeit verfügen, andere über kulturelle Grenzen hinweg zu begrüßen oder zu umarmen. Doch es braucht mehr als nur vorzügliche Qualität. Es braucht ebenso Kraft, um die erforderliche Funktion auszufühlten.

Als Christen mögen wir Fertigkeiten des Friedensstiftens entwickeln – aufmerksam zuhören, Geduld üben –, aber sie müssen vom Heiligen Geist ermächtigt werden. Christliches Friedenstiften ist mehr als das Beherrschen von Techniken. Tugenden des Friedenschaffens sind mehr als reine Fähigkeiten. Tugenden sind Fertigkeiten und Haltungen, die wir einüben; nicht einfach Techniken, die uns jemand beibringt. Wenn unsere Gemeinden die

5. Haltungen und Fähigkeiten zum Frieden

Tugenden des Friedensstiftens entwickeln, können wir hervorragende Werkzeuge in den Händen Gottes werden, die Versöhnung und Wiederherstellung herbeiführen. Werfen wir nun einen Blick auf die Haltungen und Fähigkeiten von Friedensstiftern.

Vier Haltungen von Friedensstiftern

Verletzlichkeit

Streit gehört zum Leben, innerhalb der Gemeinde wie außerhalb. Konflikte zeigen, dass die Menschen echte Anliegen und leidenschaftliche Ansichten haben, dass es aber auch um Machtfragen geht. Gesunde menschliche Beziehungen basieren auf der Bereitschaft, selbst verletzlich zu sein und die Risiken einzugehen, die eine Beziehung beinhalten kann. Wenn wir eine offene Beziehung mit jemandem eingehen, wissen wir nicht, was geschehen wird. Wir können nicht vorhersagen, ob die Beziehung Glück oder Schmerz mit sich bringen wird. Selbst die intime Beziehung zwischen Ehemann und -frau ist letztlich eine offene Beziehung voller Risiken. Jede gute Beziehung erfordert Verletzlichkeit und Risiko. Die entscheidende Frage ist nicht, ob wir Streit vermeiden können, sondern ob wir Konflikte lösen und transformieren können, wenn sie da sind, und ob wir bereit sind, Risiken einzugehen, wenn wir verletzt werden.[4]

Demut

Wir sollten erwarten, von Menschen, mit denen wir einen Konflikt haben, etwas Bedeutsames zu hören. Wie wir selbst auch, sind sie sündige Menschen. Doch sie sind genauso, wie wir selbst, geliebte Menschen, denen vergeben ist und die über Einsichten und Visionen verfügen. Gottes Wahrheit ist größer als unsere bisherige Erkenntnis, und alleine können wir das volle Ausmaß seiner Wahrheit nicht erfassen. Wir sollten anderen nicht unsere Ansichten aufzwingen und sie zum Gleichschritt mit uns nötigen. Ebensowenig sollten wir unsere eigene Auffassung zu leicht aufgeben und uns anderen unterwerfen. Beide Haltungen sind zerstörerisch, denn entweder unterdrücken wir damit andere (Zwang), oder uns selbst (Selbstaufgabe). Wir sollten lieber in Demut mit anderen zusammenarbeiten.

Wir sollten unsere Ansichten und Interessen freimütig äußern, damit andere erkennen können, welche Fragen uns wichtig sind. Wir sollten aber auch achtsam auf die Ansichten und Interessen anderer hören, um zu erfahren, was für sie die zentralen Punkte sind. Friedenstiften geschieht nicht ohne die konstruktive Zusammenarbeit zwischen den Konfliktpartnern, die sowohl das Problem als auch die Beziehung, wie wir miteinander umgehen, ernst nehmen und in Demut behandeln. Gott beruft uns zur biblischen Tugend der Duldsamkeit und Nachsicht (1. Korinther 13,7: *Liebe ist immer bereit zu verzeihen, stets vertraut sie, sie verliert nie die Hoffnung und hält durch bis zum Ende*). Damit ist die Bereitschaft gemeint, im Streben nach Verwandlung den Weg gemeinsam mit denen zu gehen, mit denen wir nicht übereinstimmen. Auch wenn wir nicht gleich eine konkrete Lösung erkennen, sind wir dennoch bereit, gemeinsam mit unseren Widersachern zu gehen und ihren Schmerz zu teilen. Wir geben sie nicht auf. Eine Herausforderung, die vielleicht besonders Leitern gilt.

Der Sicherheit anderer verpflichtet

Wir beobachten, dass Menschen am besten „funktionieren", wenn sie sich beim Äußern ihrer Ansichten sicher fühlen und keine Angst haben vor Attacken, Spott oder Stereotypen. Wenn jemand eine Position einnimmt, die uns missfällt oder verunsichert, verzichten wir daher lieber auf Etikettierungen wie „liberal", „fundamentalistisch", „Dinosaurier" oder Schlimmeres.[5] Wir bemühen uns, Menschen nicht zu verletzen, selbst wenn sie unsere Widersacher sind, weil wir glauben, dass es Gottes Wunsch ist, Feindschaft in Freundschaft zu verwandeln.

Ein interessantes Beispiel hierfür war die interreligiöse Versöhnung zwischen Muslimen und Christen im indonesischen Zentral-Sulawesi. Sie war zum Teil deswegen möglich, weil die muslimische Mehrheit bereit war, für die Sicherheit der Christen geradezustehen. Bei einer Gelegenheit hatten Christen in der Stadt Poso Angst davor, ein Treffen über Friedenstiften und Konfliktverwandlung zu besuchen, weil Christen zuvor systematisch von einigen Straßen verjagt worden waren. Die muslimischen Teilnehmer beschützten die Christen und gewährleisteten ihre Sicherheit. Diese Verpflichtung zur körperlichen Unversehrtheit anderer ermöglichte den Beginn eines Versöhnungsprozesses.

Hoffnung

Wir glauben, dass Gott besonders in Konfliktsituationen dabei ist, Frieden zu schaffen. Wir glauben auch, dass Gottes Vision für Gemeinden und Welt die Größe und Tiefe unserer Vorstellungen übersteigt. Deshalb geben wir uns nicht der Verzweiflung preis. Wir ergeben uns nicht dem Zynismus. Wir übergeben die Welt nicht der Autorität und Methodik des Bösen. Wir greifen nicht auf Gewalt zurück, im Glauben, alle anderen Mittel, den Konflikt in Frieden zu verwandeln, seien unbrauchbar.

Gewalt ist eine Form von Selbstrechtfertigung, die Menschen benutzen, um ihrem Leben Sinn zu verleihen. Menschen nehmen in die Hand, was tatsächlich nur Gott zusteht. Gewalt wird damit zu einem Angriff auf Gott. Unsere Aufgabe als Christen besteht nicht in erster Linie darin, die Probleme der Welt zu lösen, sondern Menschen die Hoffnung auf Erlösung zu bringen. Wir glauben, dass Gott der Herr aller ist, und dass seine Herrschaft sich auf überraschende Weise und an den ungewöhnlichsten Orten äußern kann. Wir glauben, dass der Heilige Geist am Werk ist und dass Kreativität in vielerlei Gestalt aufblühen kann, wenn wir vertrauensvoll beten und uns selbst dem Wirken des Geistes öffnen.

In der Vergangenheit war der Heilige Geist imstande, das verhärtete Herz eines Tyrannen wie Pharao zu verändern. Und der Heilige Geist wirkt weiter, bis heute. Vor 1986 konnten sich die Filipinos nicht vorstellen, dass das Regime des Diktators Ferdinand Marcos gewaltlos abtreten würde. Vor 1989 konnte sich die Welt nicht vorstellen, dass die Berliner Mauer ohne Gewalt zerstört werden könnte. Vor den 1990er Jahren konnte sich niemand vorstellen, dass Nelson Mandela und Pieter Willem Botha einander die Hand reichen würden, um die Versöhnung zwischen den Weißen und Schwarzen Südafrikas zu besiegeln. Zeichen dafür, dass der Gott des Friedens in der Welt am Werk ist. Sie verleihen uns Hoffnung.

Vier Fähigkeiten von Friedensstiftern

Angemessene Haltungen sind wichtig, doch für sich reichen sie selten aus. Um effektive Friedensstifter zu werden, müssen wir uns auch bestimmte Fertigkeiten aneignen.

Wahrhaftig reden

Friedensstifter sind aufgerufen, zu lernen, die Wahrheit in Liebe auszusprechen, leidenschaftlich und demütig. Dabei geht es um mehr als nur unsere Wortwahl. Epheser 4,15 ermahnt uns, „*aletheuein* in der Liebe", *die Wahrheit in Liebe* zu *leben*. Es wird meistens mit „die Wahrheit in Liebe aussprechen" übersetzt, doch die eigentliche Bedeutung ist umfassender. Da *aletheuein* ein Verb ist, heißt es „wahrheiten in Liebe". Die Wahrheit soll als ganze, liebende Person zum Ausdruck gebracht werden, durch unsere Körpersprache und Mimik, unser Verhalten und unsere Entscheidungen ebenso wie durch unsere Worte. Das war Paulus so wichtig, dass er im selben Kapitel wiederholt: *Belügt einander also nicht länger, sondern sagt die Wahrheit* (4,25). Beide Male ist die Motivation entscheidend: Wahrhaftigkeit macht aus einer Gruppe von Menschen eine Gemeinschaft, Glieder des Leibes Jesu Christi (4,16.25).

Wahrhaftiges Reden beinhaltet, dass wir einander *ermutigen*, das Tun und Sein zu bestätigen, mit dem wir einander beschenken, und dafür „Danke" zu sagen.[6] Es beinhaltet ebenso, *verletzlich zu sein*, indem wir unsere Bedürfnisse, Sorgen und Sehnsüchte mitteilen. Und schließlich beinhaltet Wahrhaftigkeit, dass wir Menschen bei Bedarf *konfrontieren*, um echte oder vermeintliche Verletzungen und Vergehen anzusprechen, bevor sie sich verfestigen und zu einer Quelle von Bitterkeit werden (Hebräer 12,15). Wenn wir dabei sind, „in Liebe zu wahrheiten", werden wir Christus ähnlicher. Und unsere Gemeinden werden zu Kulturen des Friedens, in denen konstruktive Kommunikation gelehrt und vorgelebt wird.

Aufmerksam zuhören

Friedensstifter sind aufgerufen, gut zuzuhören. Streitende Menschen sind leidenschaftlich und wollen gehört werden. Deshalb entwickeln wir die Fähigkeit, genau hinzuhören, was unser Gegenüber sagt. Dazu gehört es, sicherzustellen, dass wir den anderen tatsächlich verstehen und uns in seine Gedanken- und Erfahrungswelt hineinversetzen. Es kann hilfreich sein, mit eigenen Worten wiederzugeben oder zusammenzufassen, was wir gehört haben, um zu prüfen, ob wir ihn richtig verstanden haben. Es geht darum, das Wesentliche zu erfassen, was jemand sagen will, und dabei zu vermeiden, sich auf scharfe oder negative Bemerkungen einzulassen – sie werden oftmals nur Ausdruck von Verletzungen sein. Solch ein aufmerksames Zuhören hat also zum Ziel, aufzuschnappen, was im Verstand und Herzen des anderen vorgeht.

Es beinhaltet, an seinen Gedanken und Gefühlen teilzuhaben. Dabei ist es hilfreich, durch Körpersprache, Augenkontakt, durch unser Zögern, zu unterbrechen, und durch andere kulturell angebrachte Gesten zu zeigen, dass wir tatsächlich zuhören. Unsere eigenen Gedanken halten wir dabei in Schach, damit wir im Entwickeln von Antworten nicht das Zuhören vergessen. Stattdessen wollen wir dem Heiligen Geist vertrauen, dass er uns die passenden Worte gibt, um das Gespräch weiterzubringen.

Der kroatische Theologe Miroslav Volf, dessen Familie und Freunde im Balkankrieg einiges erlitten, schildert in seinem Buch *Exclusion and Embrace* eine theologische Sicht, wie sich die göttliche Wahrheit offenbart:

> „Wir erweitern unsere Denkweise, indem wir die Stimmen und Ansichten vor allem derer, mit denen wir uns im Streit befinden, in uns aufnehmen. Wir gestatten es ihnen, sich selbst sowie uns durch ihre Augen zu sehen. Nach Bedarf sind wir bereit, unsere Ansichten zu modifizieren in Anbetracht der Auffassungen anderer."[7]

Volf schreibt, es gebe *eine* göttliche Wahrheit und Gottes Perspektive sei ungetrübt, nicht zuletzt, weil Gott uns alle als seine Geschöpfe sehe und er uns alle uneingeschränkt liebe. Im Gegensatz dazu sei unsere Wahrnehmung wahr, aber begrenzt: uns erscheine sie real, sie sei jedoch stets unvollständig. An die größere – Gottes – Wahrheit kommen wir nur in der wahrhaftig hörenden Gemeinschaft mit anderen heran. Wir brauchen also, so Volf, eine „doppelte Sicht", die sich aus unserer eigenen Perspektive, ergänzt durch die der anderen Seite, ergibt.

Das *Center for the Study and Promotion of Peace* der indonesischen *Duta Wacana Christian University* hat eine Übung entwickelt, die dabei helfen kann, diese „doppelte Sichtweise" zu gewinnen. Die Übungsleiter fordern beide Gruppen auf, ein Konfliktszenario auf der Grundlage ihrer wirklichen Erfahrungen zu verfassen, wo sie sich durch die andere Gruppe ungerecht behandelt oder missverstanden fühlten. Dann tauschen die Gruppen ihre schriftlichen Darstellungen, und schließlich spielt jede Gruppe das Szenario der jeweils anderen vor allen vor. In der Vorbereitung dürfen die Gruppen gebeten werden, unverständliche Stellen zu erklären.

Eine Gruppe Christen führt somit also eine Szene auf, die von Muslimen verfasst wurde, und umgekehrt. Die Übungsleiter können auch einzelne Akteure bitten, ihre Rollen zu tauschen. So kann es vorkommen, dass kommunale Beamte die Rolle von Händlern auf dem traditionellen Markt übernehmen, die in Wirklichkeit oftmals gerade von diesen Beamten unterdrückt werden. Andersherum übernehmen dann die Händler die Rolle der Beamten. Ihre Aufgabe besteht dann darin, einen Streit nachzuspielen, der tatsächlich vorgekommen ist.

Durch diesen einfachen Rollentausch gewinnen Menschen neue Einsichten, neue Sensibilität und sogar neuen Respekt füreinander. Dadurch sind sie imstande, die Realität aus der Sicht des anderen zu erfassen und sogar Mitgefühl zu empfinden.

Bei einem Treffen zur Versöhnung zwischen Christen und Muslimen in Zentral Sulawesi erfuhren Christen, dass die alkoholischen Getränke, die sie gerne herstellen, verkaufen und konsumieren, für Muslime neben den moralischen auch religiöse Probleme darstellen. Zugleich wurde ihnen bewusst, dass viele der Konflikte, die in ihrer Gegend zwischen Muslimen und Christen entstehen, mit dem Unfug beginnen, den betrunkene Christen in einem muslimischen Dorf anstellen.

Muslime erfuhren bei dieser Gelegenheit, dass Christen es als verletzend, erniedrigend und ungerecht empfinden, wenn ihre Ausweise in öffentlichen Bussen von Muslimen kontrolliert werden, wie es in einigen größeren Städten Zentralindonesiens üblich ist. Wenn sie allein aufgrund der „falschen" Religion im Ausweis aus Linienbussen herausgezerrt und auf der Straße verprügelt werden, fühlen sich die Christen behandelt wie Tiere.

Bei einer anderen Gelegenheit erfuhren Muslime, dass sich die Gottesdienste von Katholiken und Pfingstlern erheblich voneinander unterscheiden. Das war für sie erstaunlich, da im indonesischen Islam alle Gruppen dieselben Rituale ausüben.

Es kann auch hilfreich sein, den Menschen zweier Gruppen die Gelegenheit zu bieten, eine Zeit lang in der Umgebung der jeweils anderen Gruppe zu leben. Theologiestudenten der *Duta Wacana Christian University* können einige Zeit in einem muslimischen Internat wohnen. Im Gegenzug dürfen Muslime im Internat der Theologiestudenten der Universität wohnen.

1995 erhielt ein „Youth Discovery Team" des nordamerikanischen Hilfswerkes *Mennonite Central Committee,* das aus Jugendlichen aus Nordamerika, Indien und Indonesien bestand, die Gelegenheit, in verschiedenen nichtchristlichen Umgebungen in Indien und Indonesien zu leben. Solche Möglichkeiten sind hilfreich. Sie schaffen Raum und Zeit, damit Menschen aus verschiedenen Gemeinschaften Wertschätzung füreinander entwickeln können. Und sie helfen beiden Seiten dabei, den anderen als „Subjekt" mit Würde kennenzulernen, und nicht als „Objekt", das es zu erobern und besiegen gilt.

Wenn uns die Wahrheit am Herzen liegt, ist es also wichtig, anderen zuhören. Wir müssen auf die Erfahrungen anderer hören.

Junge Menschen müssen uns erzählen, wie es ist, heute 17 zu sein. Ältere Menschen sollten uns erzählen, was sie bisher nicht über ihre Lippen gebracht haben, Kriegserfahrungen oder Jugenderlebnisse. Menschen, mit denen wir im Konflikt sind, müssen uns erzählen, wie sie die Dinge im Licht ihrer eigenen Erfahrungen sehen. Es ist möglich, Reflexe zu entwickeln, Menschen zuzuhören, mit denen wir nicht übereinstimmen. Es wird immer Debatten in den Gemeinden geben und das ist sogar notwendig, weil die Themen selten eindeutig und klar sind.

Viele Debatten ergeben sich aus menschlichen Unterschieden. Manche sind Pioniere, die neue Ideen und Unternehmungen ausprobieren; andere sind eher Siedler, die für Kontinuität sorgen. Manche von uns sind extrovertiert, offen, gesprächig und blühen in einer Gruppe richtig auf. Andere sind introvertiert, finden Einsamkeit und überschaubare Gruppen viel angenehmer. Die einen sind begabte Evangelisten, die leicht auf andere Menschen zugehen. Und die anderen sind beziehungsstark und verstehen es, das Leben und Beziehungen zu vertiefen.

Jesus gelang es, das Gleichgewicht zwischen genau diesen Polen zu finden. Perfekt bediente er sich des Alten und des Neuen, des Äußeren wie des Inneren. Er wandte sich ebenso nach außen wie nach innen. Doch wir als christliche Gemeinschaften müssen uns anstrengen, diese Balance hinzubekommen, und brauchen einander dazu. Gottes Wahrheit und sein Weg für uns werden klarer, indem wir anderen aufmerksam zuhören.

Aufmerksamkeit gegenüber der Gemeinschaft

Friedensstifter erfahren durch die Gemeinschaft viel von der komplexen Verflochtenheit menschlicher Erfahrungen. Friedensstifter sind sich der Bedeutung verschiedener Generationen bewusst. Wenn die Gemeinde eine Beziehungsschule sein soll, dann braucht es dazu Älteste, die ernstgenommen werden. Nach Auffassung des Theologen Gerald Schlabach ist bei Ältesten

„... nicht so sehr das Alter entscheidend, sondern die Tatsache, dass sie das Leben der Gemeinschaft tief und erschöpfend miterlebt haben. Ihr Wort wiegt mehr als das anderer, da es viel mehr als nur die Auffassung eines Einzelnen oder sein Eigeninteresse wiederspiegelt."[8]

Das sind Menschen, deren Reflexe durch ihre Freundschaft mit dem Friedefürsten geheiligt wurden – wie bei Dirk Willems. Alleine durch ihr Sein geben sie unglaublich viel weiter. Ihre klugen Redensarten und Erzählungen sind ebenfalls wichtig. Gemeinden, die Kulturen des Friedens sind, müssen einen Raum schaffen, wo Ältere Mentoren für die Jüngeren sein können. Gleichzeitig können jüngere Christen das Leben ihrer Ältesten bereichern: Begeisterung, die lebendige Erinnerung an ein Leben ohne Christus, die Bereitschaft, zu prüfen und zu hinterfragen. Genau durch diesen Austausch der Generationen werden die Weisheit, Fähigkeiten und Haltungen des Friedensstiftens weitergegeben.

Friedenstiften lernt man durch das Nachahmen von Menschen, die darin Meister sind. Darauf zielt der Apostel Paulus, wenn er die Christen dazu aufruft, Christus (Philipper 2,5–11; Römer 15,1–7), anderen Christen (2. Korinther 8,1–15.24), oder sogar ihn selbst (1. Korinther 4,16; 11,1; Philipper 3,17) nachzuahmen.

Friedenstiften zu lernen ist so ähnlich wie das Erlernen einer Sprache auf natürlichem Wege: Da beginnt man auch nicht mit Regeln und Grammatik, sondern hört zunächst anderen zu, die diese Sprache sprechen, und beginnt dann, sie nachzuahmen. Genauso lernen wir die erforderlichen Tugenden des Friedensstiftens. Wir lernen durch eine Lehre bei Meistern, die selbst Gottes Geschichte des Friedenschaffens gelernt und gelebt haben. Solche Meister sind „die Heiligen", die „uns mit einer größeren Auswahl an ethischen Optionen ausstatten, als wenn wir allein auf uns selbst angewiesen wären".[9]

Solch eine Lehre bedeutet nicht, dass man genau dieselben Pfade beschreitet, die jene Heiligen gegangen sind, so als ob ihre Wege die höchste Stufe moralischer Entwicklung darstellten. Statt dessen wenden wir die Modelle, die jene Heiligen „auf ihren eigenen Straßen, Gassen, Umwegen, geraden und schmalen Pfaden vorgeführt haben", für uns an, um Einblick und Weisheit für unsere eigene Reise zu gewinnen.[10] Wenn man konkrete Heilige anstelle allgemeiner Definitionen vor Augen hat, entdeckt man, was moralisch reife Menschen ausmacht.[11]

Friedensstifter dürfen ferner nicht außer Acht lassen, dass der *Schalom* einer Gemeinschaft von ihrer Bereitschaft abhängt, sich ökonomischen Fragen zu stellen. Gerechtigkeit und Frieden sind miteinander verwoben. Armut, wirtschaftliche Ungerechtigkeit und politische Unterdrückung waren Merkmale für das Ausbleiben von *Schalom* im Alten Testament. *Schalom* wird von sozialer Harmonie gekennzeichnet, wo es keinerlei Form von Unterdrückung gibt (Jesaja 54,13–14; Jeremia 32,16–17).

Der Prophet Jesaja berichtet von *einem neuen Himmel und einer neuen Erde*, in der *kein Säugling mehr nur wenige Tage lebt, und alte Menschen erst nach einem erfüllten Leben* sterben. Im neuen Himmel und auf der neuen Erde werden die Menschen *sich Häuser bauen und sie auch selbst bewohnen, kein Fremder lässt sich darin nieder. Man wird Weinberge anpflanzen und ihren Ertrag selbst genießen* (Jesaja 65,17.20.21). Deshalb erinnern die Propheten die Israeliten daran, sich überall für den Frieden einzusetzen, auch wenn sie sich im Feindesgebiet befinden. Der Prophet Jeremia fordert die Israeliten auf, sich *um das Wohl* (den *Schalom*) *der Stadt* [in die Gott sie verbannt hatte] *zu bemühen. Und betet für sie* (Jeremia 29,7).[12]

Stellen aus dem Neuen Testament wie Apostelgeschichte 6 und 1. Korinther 11 zeigen christlichen Leitern, dass die Gemeinschaft und der Friede strapaziert werden, wenn einige Christen wohlhabend sind und andere wirtschaftlich zu kämpfen haben. Manche Gemeinden, die für wirtschaftliche Bedürfnisse sensibilisiert sind, experimentieren mit radikalen Maßnahmen, um Ungleichheiten zu vermindern und Menschen in Not zu helfen. Wo ein augenfälliges Ungleichgewicht herrscht, ist es wahrscheinlich, dass Beziehungen oberflächlich bleiben und ungerechte wirtschaftliche Verhältnisse den Gemeindefrieden unterminieren.

Die Urteilsfähigkeit der Gemeinschaft und gegenseitige Verantwortlichkeit

Friedensstifter glauben, dass in einer Kultur des Friedens Entscheidungen gemeinsam in einer Art und Weise getroffen werden, die wahrhaftig und gerecht ist. Wir glauben, dass die Gemeindeversammlung – ein regelmäßiges Treffen zur Beratung und Entscheidungsfindung – für die Entwicklung einer Friedenskirche zentral sein kann. Natürlich bilden Gemeindeversammlungen oftmals die Kulisse für Selbstdarstellungen, Machtspielchen und das Zurschaustellen argumentativen Könnens. Doch dieses Zerrbild ist die Folge davon, dass die Kirche der Welt viel zu ähnlich ist, dass es ihr kaum gelingt, eine Gegenkultur zu entwickeln. Es kann auch anders herum sein, wenn Christen nämlich gemeinsam *die Einheit, wie sie der Geist Gottes schenkt* (Epheser 4,3) verwirklichen, indem sie gemeinsam Entscheidungen treffen.

Die Kirche muss die Verfechterin gewisser Werte und Prozesse, und nicht bestimmter Ergebnisse, werden. Leiter müssen glauben, dass der in den Gliedern wirksame Heilige Geist etwas Weiseres hervorbringt, als sie sich vorstellen können. Und wenn die Menschen wissen, dass ihre Ansichten zählen, reagieren sie mit einem atemberaubenden Ausmaß an Enthusiasmus und Verantwortung.[13]

Warum verfügt die Kirche über solch eine starke moralische Autorität? Aus zwei Gründen: Erstens, weil ihre kollektiven Urteile die Einschätzungen einer gesamten Gruppe wiederspiegeln und sehr wahrscheinlich von den Eigenarten eines Einzelnen frei sind. Von den versammelten Gläubigen gemeinsam getroffene Entscheidungen geben einzelnen Christen Anleitung und prägen das gemeinsame Zeugnis vor der Welt. Ohne die Gemeinschaft der Gläubigen ist ein einzelner Christ machtlos. Einzelne bedürfen der moralischen Urteilskraft der Glaubensgemeinschaft. Der Begriff *ekklesia* (Gemeinde oder Kirche) bezog sich ursprünglich auf „ein Stadtparlament oder eine Bürgerversammlung, eine Versammlung, in der schwerwiegende Fragen im Namen des Königreiches behandelt werden konnten".[14]

„Die Gemeinde ist die Versammlung von Gottes Volk, die zusammengekommen sind, um in seinem Namen wichtige Fragen abzuhandeln. Die Gemeinde will herausfinden, was es hier und heute bedeutet, diese andere, neue Lebensqualität in die Praxis umzusetzen, die Gott ihr und der Welt versprochen hat und die zugleich ihr Versprechen gegenüber Gott und ihr Dienst für die Welt ist."[15]

Kein Mensch kann gleichzeitig alle Aspekte der Realität erfassen. Das kann nur Gott. Aber unsere Sicht als Christen wird größer und klarer, wenn wir die Realität gemeinsam mit anderen Gläubigen zu erkennen versuchen. Wir können unsere eigene Sicht sogar erweitern, indem wir uns auf Entscheidungsprozesse mit Menschen anderer Religionen einlassen .

Ein zweiter Grund für die moralische Autorität der Kirche ist die gegenseitige Verantwortlichkeit, die sich aus dem gemeinsamen Durchdenken verschiedener Fragen ergibt. Warum ist das überhaupt entscheidend? Als soziale Wesen ist uns wichtig, was andere denken. Die Einschätzung anderer kann uns darin bestärken, das Richtige zu tun. Wenn wir als Gemeinden also auf einer praktischen Ebene gemeinsam nachdenken, empfangen wir die Bewertung und Ermutigung, die zu einer gesunden gegenseitigen Verantwortlichkeit führt.

Als Gemeindeglieder stehen wir stets unter der moralischen Bewertung durch andere. Das bedeutet gegenseitige Verantwortlichkeit. In der Gemeinde erfahren wir Gemeinsamkeit. Aber noch wichtiger ist, dass wir dort lernen, „unser Verlangen und unsere Bedürfnisse mit einer wahren Geschichte abzustimmen, was uns ermöglicht, wahrhaftig zu leben".[16] Durch unsere Entscheidung, einer Gemeinde beizutreten, zeigen wir im wesentlichen, dass wir bereit sind, von unseren Geschwistern auf unseren Lebenswandel als Christ angesprochen zu werden.

Das ist ein Hauptgrund dafür, warum die Wiedertäufer die Bekenntnistaufe praktizierten. Diese Täufer waren der Überzeugung, dass die Gemeinde aus Menschen besteht, die bereit sind, sich darauf einzulassen, „aufeinander aufzupassen" (1. Mose 4,9). Das grundlegende und entscheidende Moment bei zwischenmenschlichen Beziehungen ist nicht die Freude an der Gegenwart der anderen, auch wenn das in der Tat wichtig ist, sondern die Bereitschaft zur gegenseitigen Verantwortlichkeit.

Auf dem Weg, eine Kultur des Friedens zu werden

Wenn sich eine Gemeinde dafür entscheidet, eine Kultur des Friedens zu werden, sind nicht alle Folgen abzusehen. Es wird kein leichter Weg sein und jede Menge Veränderungen erfordern. Die wiederum brauchen Zeit, denn es geht um nichts weniger als um einen Prozess des kulturellen Wandels innerhalb der Gemeinde. Solch ein kultureller Wandel ist nur mittel- oder langfristig möglich, durch eine ganze Reihe anhaltender Strategien. Einige notwendige Veränderungen haben wir uns bereits angesehen: neue Haltungen und Reflexe, die helfen, konstruktiv auf Unterschiede zu reagieren; „wahrheiten in Liebe"; aufmerksames Zuhören; die Erwartung, dass Gott uns durch die Erfahrungen des anderen neue Einsichten schenkt; gegenseitige Verantwortlichkeit und schließlich der Glaube, dass der Heilige Geist am Werk ist, um schon jetzt Jesu Weg des Friedens in der Welt zu verwirklichen.

All dies setzt voraus, dass sich eine Gemeinde, die eine Kultur des Friedens wird, zwei Grundaufgaben stellt: die Einzelnen in der Gemeinde zu bevollmächtigen sowie die Strukturen der Gemeinde zu stärken.

Wenden wir uns zunächst der Bevollmächtigung Einzelner zu. Wie beeinflussen wir den Charakter einzelner Christen, damit sie Friedensstifter werden? Durch die Praxis von Lehre und Schulung sowie unserer Gottesdienste. Wir sollten uns also zum Beispiel das Material ansehen, das wir im Konfirmations- oder biblischen Unterricht, bei der Unterweisung von Täuflingen, bei Kursen für neue Mitglieder und im Kindergottesdienst einsetzen. Rüsten sie die Erwachsenen und Kinder mit dem aus, was sie für ein friedliches Leben benötigen? Vermitteln sie das erforderliche Wissen und die Fertigkeiten zum Friedenstiften?

Die Friedenserziehung in Gemeinden und christlichen Schulen ist ebenfalls wichtig. Wir müssen unseren Pastoren, Ältesten, Diakonen und allen weiteren Gemeindegliedern das Wissen und die Fertigkeiten der gewaltlosen Konflikttransformation beibringen. Lehrpläne sollten die Friedenserziehung beinhalten, biblische Friedenstexte sollten wir konzentriert und erwartungsvoll in allen Bereichen des Gemeindelebens behandeln, auch im Gottesdienst. Ist Friede ein zentrales Thema in unseren Gottesdiensten? Predigen wir das Evangelium des Friedens regelmäßig? Beten wir ernsthaft um den Frieden? Steht in unserem Gemeindekalender ein Friedensmonat oder ein Friedenssonntag?

Zweitens geht es um die Stärkung gemeindlicher Strukturen. Haben wir bereits eine Verfahrensweise etabliert, um Konflikte innerhalb und außerhalb unserer Gemeinde anzugehen und gewaltlos zu transformieren? Ohne eine solche Struktur stehen Gemeinden in der Gefahr, Konflikte zu verbergen oder zu begraben. Aber verborgener Streit kann wachsen und wie eine Zeitbombe werden, die nach einiger Zeit die gesamte Gemeinde zerstören kann.

In vielen Gemeinden gibt es Teams für die verschiedenen Aufgabenbereiche: Jugend, Frauen, Mission, Gottesdienst. Vielleicht sollten Gemeinden ebenfalls ein Friedensteam haben. Es hätte die Aufgabe, Gemeindeglieder im Friedenstiften sowohl innerhalb wie außerhalb der Gemeinde zu schulen. Es könnte der Gemeinde und ihrem Umfeld durch Anwaltschaft und Konfliktmediation dienen.

Es gibt keinen Masterplan für die Verwandlung von Gemeinden in Kulturen des Friedens. Jede Gemeinde wird für sich selbst und in ihrem eigenen Zeitplan lernen. Aber jede Gemeinde, die sich zum Ziel setzt, sich in eine Kultur des Friedens zu verwandeln, wird sich damit auf eine Reise begeben. Der schottische geistliche Autor Gerard Hughes, der bereits an vielen Pilgerreisen teilgenommen hat, schreibt weise: „Unterwegs sein ist besser als Ankommen."[17] Wehe der Gemeinde, die bereits angekommen ist! Sie wird keine Kultur des Friedens sein. Doch Zacharias hatte gewiss recht, als er den Messias begrüßte: Gottes Gnade war am Werk, um *allen Menschen zu leuchten, die in Nacht und Todesfurcht leben; es wird uns auf den Weg des Friedens führen* (Lukas 1,79). Dieser Weg wird nicht nur die Reflexe von Christen und das Gemeindeleben verwandeln, sondern auch das Zeugnis der Gemeinde und ihr Leben in der Welt. Darum geht es im folgenden Kapitel.

Anmerkungen

1   John Paul Lederach, *Journey Toward Reconciliation* (Scottdale, PA, Herald Press, 1999), 101.

2   Carolyn Schrock-Shenk und Lawrence Ressler, *Making Peace with Conflict – Practical Skills for Conflict Transformation* (Scottdale, PA, Herald Press, 1999), 26–27.

3   Carolyn Schrock-Shenk (Hrsg.), *Mediation and Facilitation Training Manual – Foundations and Skills for Constructive Conflict Transformation* (Akron, PA, Mennonite Conciliation Service, ^{4}2000), 27.

4   Ron Kraybill, „From Head to Heart – The Cycle of Reconciliation", in: Schrock-Shenk, *Mediation and Facilitation Training Manual*, 31–34.

5   Arthur Paul Boers, *Never Call Them Jerks – Healthy Responses to Difficult Behavior* (Bethesda, MD, Alban Institute, 1999).

6   Wir vergessen viel zu leicht, dass das Aussprechen der Wahrheit die positive genauso wie die negative Wahrheit umfasst.

7   Miroslav Volf, *Exclusion and Embrace – A Theological Exploration of Identity, Otherness, and Reconciliation* (Nashville, Abingdon Press, 1996), 213, 250–253.

8   Gerald W. Schlabach, „Patterns of Church Life 1", *The Mennonite* (15. September 1998), 8–9.

9   Stanley Hauerwas und William H. Willimon, *Resident Aliens – Life in the Christian Colony* (Nashville, TN, Abingdon Press, 1990), 102.

10 Craig Dykstra, *Vision and Character – A Christian Education Alternative to Kohlberg* (New York, Paulist Press, 1981), 66.

11 Hauerwas und Willimon, *Resident Aliens*, 97.

12 Mark R. Gornik, *To Live in Peace – Biblical Faith and the Changing Inner City* (Grand Rapids, Eerdmans, 2002), 103–105.

13 Praktische Vorschläge und sinnvolle Ratschläge zur Entscheidungsfindung sind nachzulesen in Kapitel 5 bei Schrock-Shenk (Hrsg.), *Mediation and Facilitation Training Manual*, 205–234; ebenfalls Alastair McKay, „Congregational Decision Making", in: Schrock-

Shenk und Ressler, *Making Peace with Conflict,* 177–187. Eine eher theologische Auseinandersetzung findet sich bei Luke T. Johnson, *Scripture and Discernment – Decision Making in the Church* (Nashville, Abingdon Press, 1996).

14 John H. Yoder, *For The Nations – Essays Evangelical and Public* (Grand Rapids, MI, Eerdmans, 1997), 186; ebenfalls 177, 233–234; Yoder, *Body Politics – Five Practices of the Christian Community Before the Watching World* (Scottdale, PA, Herald Press, 2001), 2.

15 Yoder, *For the Nations,* 177.

16 Hauerwas und Willimon, *Resident Aliens,* 78.

17 Gerard Hughes, *In Search of a Way – Two Journeys of Discovery* (Rome and Sydney, E. J. Dwyer, 1978), 75.

6. Gottesdienst und Frieden

Gnade und Frieden sei mit euch." Was für einen Unterschied macht es für unsere Gemeinden und unsere Umwelt, wenn wir Frieden genauso ernst nehmen wie Gnade? Was für einen Unterschied macht es, wenn wir Gott gestatten, uns *mit seinem Frieden* [zu] *erfüllen und* [uns zu] *helfen, ohne jede Einschränkung ihm zu gehören,* nicht nur als Einzelne oder in Teilbereichen unseres Lebens, sondern umfassend – eine Heiligung, die uns friedvoll und heilig in allen Dimensionen unseres Lebens macht (1. Thessalonicher 5,23)?

Weiter oben behaupteten wir, es mache enorm viel aus, wenn wir dem Frieden gestatten, unsere Gemeindeidentität mitzuformen. Er verändert unsere Art zu denken und handeln.

Darüber hinaus gibt es eine „Friedensdividende" für unsere Gemeinden. Sie verwandelt die Kultur unserer Gemeinden; sie trägt zur Bildung von Gemeinschaften von Menschen bei, die sich die Fertigkeiten des Friedensstiftens aneignen wollen. In diesem und den folgenden Kapiteln möchten wir darstellen, dass dies zugleich das Zeugnis unserer Gemeinde verändert, die Art und Weise, wie wir in der von Gott geliebten Welt leben und ihr dienen.

Das Leben in einer Welt vieldimensionaler Konflikte

Noch in den 1980er Jahren hatten viele Menschen im Westen Angst vor einem Atomkrieg in Europa. Die Welt des Kalten Krieges war eine polarisierte Welt, die in zwei Machtblöcke mit Atomwaffen aufgeteilt war. Seit dem Ende des Kalten Krieges scheint die Welt komplexer geworden zu sein. Es gibt eine neue Polarisierung und viele Menschen im Westen haben weiterhin Angst. In der neuen Ära nach dem Kalten Krieg haben sich neue Konfliktherde etabliert. Plötzlich wird den Menschen die Existenz verschiedener Kulturen, Stämme, ethnischer und religiöser Gruppierungen bewusst.

Diese multikulturelle Welt war auch während des Kalten Krieges vorhanden, doch sie wurde verdrängt. Nun ist sie aufgeblüht und weist auf kulturelle und religiöse Markierungen hin, die Nationen und Staaten zerteilen und politische Grenzen ignorieren. Heute entdecken Menschen neu ihren Stolz darauf, Muslime, Christen, Buddhisten oder Hindus zu sein.

Die aufeinander prallenden kulturellen und religiösen Gruppierungen – Serben und Albaner, Palästinenser und Israelis, Kurden und Türken, Muslime und Christen, sunnitische und schiitische Muslime – haben lange Vorgeschichten. Sie können unbändige Leidenschaft und tödliche Gewalt hervorrufen. Diese Konflikte sind nicht irgendwo da draußen. Viele von uns finden, dass diese Unterschiede unsere eigene Nachbarschaften kennzeichnen und bereichern. Unsere Welt ist multikulturell, und unsere direkte Umgebung ist es häufig ebenfalls. Diese Realität kann man nicht wegwünschen – wir müssen also mit Komplexität und Konfliktpotential leben.

Dabei treten auch neue Polarisierungen zutage. Große Teile der Welt sind mit der Auseinandersetzung zwischen radikalen Muslimen und dem Westen befasst. Am 11. September 2001 explodierte diese Tatsache förmlich in das Bewusstsein der Amerikaner. Seit den katastrophalen Flugzeugentführungen jenes Tages richtet sich die Aufmerksamkeit der Vereinigten Staaten und – aufgrund ihrer Macht und Aktivitäten – von großen Teilen der restlichen Welt auf einen „Krieg gegen den Terrorismus". Gelehrte sprechen von einem „Kampf der Kulturen", einem unausweichlichen Konflikt und Krieg zwischen Islam und Christentum. In Indonesien, wo weltweit am meisten Muslime leben, tragen immer mehr Frauen ein *Dschilbab* genanntes Gewand, muslimische Männer tragen weiße Roben, *Sorban* genannt, und lange Bärte; ein Anblick, der noch vor wenigen Jahrzehnten äußerst selten war. Überall in indonesischen Städten sieht man heute Aufkleber, Poster oder Banner mit der Aufschrift: „Wir sind eine muslimische Familie" oder: „Ich bin stolz, ein Muslim zu sein". Diese Zeichen demonstrieren mehr als nur religiöse Zugehörigkeit. Sie spiegeln ein Gefühl der Unsicherheit gegenüber der westlichen Zivilisation wieder. Sie teilen der Weltgemeinschaft mit, dass indonesische Muslime angesichts der überwältigenden Übermacht der von den USA und anderen westlichen Kulturen propagierten Zivilisation die Stirn bieten und ihre Identität behalten werden. Weltweit leben viele Christen und Muslime Tür an Tür, manchmal glücklich, manchmal belastet von Missverständnissen, Spannungen oder sogar Brandstiftung und Mord.

Es gibt eine weitere Polarisierung der letzten Jahrzehnte, die von den Menschen im Westen nach Kräften ignoriert wird: das wachsende Gefälle zwischen Nord und Süd, zwischen den reicher werdenden reichen Ländern und den armen Ländern, denen die globalisierte Wirtschaft noch mehr Armut und Elend beschert. Diese Polarisierung findet nicht nur außerhalb der Kirchen statt – sie befindet sich im Zentrum des weltweiten Leibes Christi.[1]

Das ist der Kontext für das Leben und Zeugnis unserer Gemeinden. Und das glauben wir: Indem unsere Gemeinden lernen, Kulturen des Friedens zu werden, können sie die Welt zur Ehre Gottes zum Guten hin beeinflussen. In diesem Kapitel gehen wir der Frage nach, wie das unsere Gottesdienste vertiefen kann. Später beschäftigen wir uns dann damit, wie es unseren Zugang zu den Themen Arbeit, Krieg und Zeugnis verändern kann.

Friedenschaffender Gottesdienst

Wenn Gemeinden lernen, Kulturen des Friedens zu werden, wie wird sich ihr Gottesdienst verändern, so dass ihr Bezug zur Welt größer wird? Ist ein Gottesdienst nicht etwas Internes für die Christenheit, vor allem für Gemeindeglieder? Allzu oft scheinen Gottesdienste nichts mit der Welt da draußen zu tun zu haben. Manchmal sind sie wie die ersten Astronauten, die erstmal in Quarantäne kamen, als sie vom Mond zurückkehrten. Niemand wollte riskieren, dass der Mond die Welt verseucht.

Genau so verhält es sich mit dem Gottesdienst vieler Gemeinden – sie leben in Quarantäne gegenüber der Welt. Sie wollen nicht, dass die Welt „verseucht", was in der Gemeinde geschieht. Und sie glauben nicht, dass ihre Gottesdienste die Welt draußen in irgendeiner Weise beeinflussen könnten. Das führt zu Realitätsverlust und einem sehr künstlichen Gottesdienst.

Der Gemeindegottesdienst sollte eine echte Begegnung mit Gott sein – der die Welt liebt und sein Volk befähigen will, sich an seiner Mission für die Welt zu beteiligen. Gott ist ein persönlicher Gott, und er freut sich darauf, uns, seine geliebten Kinder, zu treffen. Aber Gott ist auch der Herr der Geschichte und will ernsthaft als Herr aller Völker und Nationen, aller Regierungen und Mächte gelten. Außerdem ist der Gottesdienst eine Begegnung mit anderen Menschen in der Gegenwart Gottes. Durch die Begegnung mit Gott und miteinander sehen wir die Welt mit anderen Augen.

Anbetung „gestaltet die Art um, wie wir unsere Welt wahrnehmen, indem sie uns ‚neue Augen zum Sehen' verleiht".[2] Und das verändert uns. Anbetung verwandelt uns; sie schenkt uns neue Reflexe und befähigt uns, Gott in schwierigen Situationen zu dienen. Und auf geheimnisvolle Weise verändern sich durch Anbetung auch Dinge auf Erden und in himmlischen Sphären. Anbetung ist der Motor der Geschichte; sie setzt Gottes großartiges Projekt, Frieden zu schaffen, in Bewegung.

Identität: Wir feiern Jesus als Herrn

Wenn wir uns zum Gottesdienst versammeln, versammeln wir uns „in Jesu Namen" und bekennen, dass „Jesus der Herr ist". Das ist eine Machtdemonstration. Um uns herum gibt es nur geringere Herrscher und geringere Loyalitäten. Wir sind Bürger eines bestimmten Landes, und das ist wichtig. Wir haben vielleicht eine Arbeit, einen Beruf (Krankenschwester, Landwirt, Lehrer oder Erzieher), und natürlich verleiht uns das in gewisser Weise Identität.

Aber unsere Hauptidentität liegt in unserem Christsein. Wenn die ersten Christen von Behörden verhört wurden, gaben sie ihre Identität schlicht an als: „Ich bin ein Christ."[3] Sie nannten sich selbst „Fremde in dieser Welt" (1. Petrus 2,11), Menschen, die überall zuhause sein konnten – und doch nirgends wirklich zuhause waren. Das früheste christliche Bekenntnis lautete: „Jesus ist Herr!" Diese Losung widersprach aufs Schärfste dem Bekenntnis des römischen Reiches, „Cäsar ist Herr". Wenn wir Jesus als Herrn verkünden, bekennen wir Christen durch Raum und Zeit, dass unsere tiefste Loyalität ihm gilt.

Jeden Morgen geloben die Kinder in den öffentlichen Schulen Amerikas ihre Treue gegenüber „der Fahne der Vereinigten Staaten und der Republik, die diese Flagge darstellt". Manche christlichen Eltern widersprechen und weisen ihre Kinder an, stumm zu bleiben und ihre Hand nicht aufs Herz zu legen. Zwei mennonitische Theologen aus den USA schlugen kürzlich vor, dass amerikanische Christen statt dessen ihre tiefste Loyalität dem „dreieinigen Gott, offenbart durch Jesus Christus", bekennen sollten:

> „Ich gelobe Jesus Christus die Treue
> und dem Reich Gottes, für das er sein Leben gab –
> einem vom Geist geleiteten weltweiten Volk, untrennbar,
> mit Liebe und Gerechtigkeit für alle."[4]

Anbetung ist wie ein Treuegelöbnis. Wenn wir Gott durch Christus anbeten und „Jesus ist Herr" sagen, geloben wir ihm Treue. Im Fall von Loyalitätskonflikten werden wir nur Jesus gehorchen.

Seine Lehre ist für uns die letzte Autorität, sein Weg ist für uns Richtschnur.

Durch den Geist legen wir unser Treuebekenntnis ab; ein Bekenntnis, das wir im Gottesdienst ablegen. In der Anbetung bekunden wir unsere Bindung an die gesamte Geschichte Jesu Christi und verpflichten uns zum Inhalt des Bekenntnisses – unser Leben in Anbetung und Gehorsam an dem auszurichten, der unser Herr ist.[5]

Wenn wir uns versammeln, um Jesus als Herrn zu proklamieren, öffnen wir uns dafür, die Welt mit seinen Augen zu sehen. Im Gottesdienst benutzen wir die Worte des Herrn und erzählen seine Geschichten. Das führt uns zu einer Sicht der Realität, in die Jesus wirklich passt. Und wenn Jesus dazu passt, dann gibt es vieles, was in unserer Kultur üblich ist, was auf einmal nicht mehr passt. Jesu Lehre in Bezug auf Reichtum, Frieden, Wahrheit, Feinde, Sex und Vertrauen *widerspricht* der allgemeinen Denkweise jeglicher Kulturen des 21. Jahrhunderts. Die ersten Christen wurden oftmals für verrückt gehalten (Apostelgeschichte 26,24; *Passio Sanctorum Scillitanorum* von 180[6]). Wenn wir Gott anbeten, „befreit er uns vom gesunden Menschenverstand" und ermutigt uns zum „heiligen Wahnsinn".[7]

Wenn eine Gemeinde, die dabei ist, eine Kultur des Friedens zu werden, Gott anbetet, begibt sie sich auf einen Weg der Wahrheitsfindung. Als Gemeindeglieder fragen wir nach der Sichtweise unseres Herrn. Welche Bereiche unseres Lebens und unserer Erfahrung befinden sich in Übereinstimmung mit dem Weg, der Wahrheit und dem Leben Jesu, der uns den Vater zeigt (Johannes 14,6–9)? Was ist im Gegensatz dazu nur Weisheit der Welt, die Gott entlarven und verwerfen will? Anbetung führt uns zu einem Ja und einem Nein hin, die unsere Lebensweise verändern werden. Indem wir Gott anbeten, gibt er uns sehende Augen und leitet uns darin, den Weg Gottes zu wählen und Ausläufer der verführerischen Vorlieben unserer Zeit zurückzuweisen.

Wir bejahen die Solidarität mit der weltweiten Familie Gottes

Da es nur einen Herrn gibt, gibt es letztlich nur ein einziges Volk, das sein gütiges Regiment anerkennt. Durch Gnade werden wir als Kinder desselben Königs angenommen. Dadurch werden wir zu Brüdern und Schwestern in einer wahrlich einzigartigen Familie, die aus Menschen aller Stämme und Länder besteht. In dieser Familie gibt es *einen Herrn, einen Glauben und eine Taufe* (Epheser 4,5). Wo auch immer sich Christen auf dem Globus versammeln, erkennen sie diese Grundtatsache an: In Christus sind wir in unserem Lob und in unserer Zugehörigkeit eins. Die Folgen davon sind prophetischen Ausmaßes. Unsere Anbetung erinnert die Welt an „die Willkür der Spaltungen zwischen Menschen".[8] Um uns daran zu erinnern, hat der Friedensaktivist John Stoner eine Losung aus den 1950er Jahren aus der Versenkung geholt und leicht modifiziert. Sie wurde seinerzeit von M. R. Zigler, einem leitenden Mitarbeiter der *Church of the Brethren,* formuliert:

> „Lasst die Christen der Welt sich einigen, dass sie sich nicht gegenseitig töten."

Das war Stoners Vorschlag im Rahmen einer ökumenischen Versammlung; er wollte damit durchaus für eine Überraschung sorgen. Er meinte nicht, dass Christen Nichtchristen töten sollten; er fühlte sich ganz dem Evangelium des Friedens und der Feindesliebe verpflichtet. Aber John Stoner wollte die Menschen dazu bewegen, über ihre wahre Identität nachzudenken.

Unsere Gesellschaften prägen uns so, dass wir uns selbst und auch andere Menschen zunächst einer Rasse oder Nationalität zuordnen: wir sind Amerikaner, oder wir sind Inder. Natürlich gibt es in den Vereinigten Staaten heute Millionen von Muslimen, und in Indien gibt es Millionen von Christen. Doch in solchen Kategorien denken die meisten Menschen nicht. Stoner will seinen Mitchristen wohl mitteilen: Stellt die richtigen Prioritäten auf; klärt eure Identität! Wir stimmen ihm darin zu.

Wir Christen sind Leute, die in Christus eins sind. Dank der göttlichen Gnade sind wir zu Brüdern und Schwestern geworden.

An seinem Tisch teilen wir Brot und Wein, und unsere Solidarität gilt anderen Christen in allen Ländern. Wenn eine nationale unsere christliche Identität überflügelt, geschehen schreckliche Dinge. Ein grauenhaftes Beispiel dafür liefert die Atombombe, die 1945 die japanische Stadt Nagasaki zerstörte. Die Bombe wurde von katholischen Piloten in einem US-Flugzeug abgeworfen, die von katholischen Militärgeistlichen betreut wurden. Im Epizentrum des anvisierten Zieles befand sich eine römisch-katholische Kathedrale, inmitten der größten christlichen Gemeinschaft Japans. Die Bombe löschte zwei Orden katholischer Schwestern aus. Überall verursacht der Krieg klaffende Wunden – auch innerhalb des Leibes Christi.

Wenn Gemeinden Kulturen des Friedens werden, weisen ihre Gottesdienste solcherart verkehrte Loyalitäten zurück. Um diese Schändung der Familie Gottes zu erschweren, bemühen wir uns als ihre Mitglieder, das ganze Bild im Blick zu behalten. Wir halten Kontakt mit Christen überall auf der Welt, wir tauschen Briefe, Fotos und E-Mails aus. Und wenn Menschen aus anderen Ländern unsere Gemeinden besuchen, dann hören wir ihnen erwartungsvoll zu. In den meisten Ländern sind Christen bekannt und stellen sich einfach als „Christen" vor – nicht etwa als „Baptisten", „Lutheraner" oder „Methodisten". Das soll die Christen daran erinnern und gegenüber der Gesellschaft bezeugen, dass alle Christen zu demselben Leib gehören.

Wir erinnern uns an die Geschichte Gottes

In der Bibel wird in den Gottesdiensten vor allem von den großen Taten Gottes berichtet. Vom Meereslied (2. Mose 15) über die historischen Psalmen (wie Psalm 78) und die Rituale zum Passahfest (2. Mose 12) bis hin zum Gottesdienst der neutestamentlichen Gemeinden am gemeinsamen Tisch liegt die Betonung des Gottesdienstes auf dem Erinnern: *Denkt daran, was ich für euch getan habe* (Lukas 22,19). All diese gottesdienstlichen Handlungen sind Mittel, um sich der Geschichte Gottes zu erinnern.

Warum ist das wichtig? Weil unsere Identität als Menschen vor allem durch die Geschichten geprägt wird, die wir hören und erzählen. Unsere Überzeugungen und unser Selbstverständnis wurzeln in den Erfahrungen und Erzählungen, die wir als wahr erkannt haben. Diese Geschichten wieder und wieder zu erzählen, hilft uns, unser Verhalten dem Charakter und den Absichten Gottes anzupassen.

Die Gemeinschaft, der wir angehören, bestimmt einen gewissen Teil dessen, was wir sind und was noch aus uns werden wird. Wir machen uns die Geschichte unserer Gemeinschaft zu eigen und werden Teil ihrer Fortsetzung. Die Auffassungen, Überzeugungen und Verhaltensmuster der Gemeinschaft bestimmen unser Selbstbewusstsein und unseren Weg.[9] Weder Taten noch Worte, Tugenden oder Charakter machen ohne die Geschichte, deren Teil wir sind, Sinn. Die Frage: „Was sollte ich tun?" lässt sich gar nicht beantworten, ohne die vorhergehende Frage zu beantworten: „In welcher Geschichte, in welchen Geschichten finde ich mich wieder?"[10] „Sich selbst finden bedeutet ... die Geschichte oder Erzählung in einer Weise zu begreifen, die dem eigenen Leben Sinn verleiht."[11]

Die Verfasser der Bibel wussten das. Sie wussten, dass die Geschichte Gottes mit seinem Volk den Leuten merkwürdig vorkommen würde. Von der Berufung des kinderlosen Paares Abram und Sara, seine Sicherheiten hinter sich zu lassen, um Eltern einer großen Schar zu werden, bis hin zum Niederreißen innerer wie äußerer Barrieren durch das Werk von Jesus Christus – diese Geschichte verläuft genau entgegengesetzt zur bestehenden Kultur. Ihre Themen und Werte sind ungewöhnlich. Sie behauptet, dass Gott es vorziehe, die Dinge auf den Kopf zu stellen und sich Randsiedlern zu widmen; sie unterstellt, dass Gott handelt.

Der christliche Gottesdienst zielt darauf, diese Geschichte tief in unser Bewusstsein zu ritzen. Also hören und erzählen wir diese Geschichte, denken über ihre Tiefen und Zweideutigkeiten nach, feiern sie – und schreiben sie mit Gottes Gnade fort.

Wir sind eingebettet in viele Geschichten

Es stellt eine große Herausforderung dar, Gottes Geschichte zu hören, weiterzuerzählen, zu erwägen, zu feiern und fortzusetzen. Das hängt damit zusammen, dass wir uns gleichzeitig innerhalb mehrerer Geschichten befinden. Es gibt die Geschichten unserer Großfamilien, Berufsstände und Länder. Manche dieser Geschichten sind unzulänglich, krank oder zerstörerisch. Trotzdem können wir diese Geschichten weder verleugnen noch eine künstliche Harmonie erzwingen. Aber wir können Gottes Geschichte als die wichtigste auswählen, die unser Leben prägen soll. Wenn wir uns in Gottes Geschichte hineinbegeben, wie sie in der Bibel, in Jesus Christus und im andauernden Leben des Volkes Gottes im Heiligen Geist offenbart wird, entdecken wir, dass sie ausreicht, um uns in die Werte und Tugenden einzuführen, die unseren christlichen Charakter bestimmen werden. Wir können Gottes wahrer Geschichte gestatten, unseren Charakter zu gestalten und zu formen. Sie liefert „das Handwerkszeug, das wir benötigen, um den Loyalitäts- und Rollenkonflikten zu begegnen, die wir garantiert erleben werden".[12]

Die Gemeinde spielt eine entscheidende Rolle als hermeneutische Gemeinschaft. Mit anderen Worten: Die Gemeinschaft beschreibt die Welt so, wie sie ist, und interpretiert sie im Lichte der Geschichte Gottes, wie wir sie in der Heiligen Schrift finden. Vor allem im Gottesdienst nimmt die Gemeinde die Aufgabe der Auslegung wahr. Wir lernen, die eigene Geschichte anhand einer weiteren Geschichte – der Erzählung Gottes – zu interpretieren.

Im Gottesdienst und in der Anbetung hilft uns die Gemeinde, die „zentrale Metapher" zu entdecken. Das ist die „Meta-Erzählung", durch die wir die Wirklichkeit erkennen und in der wir unsere moralischen Prinzipien ordnen, erläutern, analysieren und interpretieren. Diese zentrale Metapher weist uns auf das wahre Wesen Gottes, der menschlichen Existenz und der Welt überhaupt hin. Worauf kommt es im Leben des Menschen wirklich an? Jesus zufolge ist es die Liebe. Er stellte die Liebe in den Mittelpunkt seines Lebens und seiner Lehre – die Liebe zu Gott, die Liebe zum Nächsten und die Feindesliebe.

Die Aufforderung, zu lieben, ist mehr als die bloße Information über einen christlichen Wert. Jesus führte auch vor, wie sich die Liebe verhält. Das Herz der Geschichte Gottes ist die Heilsgeschichte, die sich in der Welt abspielt. Diese Geschichte gipfelte im Leben, Dienst, Tod und in der Auferstehung von Jesus Christus. Es ist eine heilige Geschichte, die uns mit Grundüberzeugungen ausstattet, die entscheidend, normativ und endgültig sind und uns helfen, die Wirklichkeit „in der Form des Göttlichen" zu erahnen.[13]

In jedem Zeitalter standen Christen in der Versuchung, die Geschichte Gottes durch andere Geschichten zu ersetzen. Das waren Geschichten, die vernünftiger erschienen und mächtigen Menschen das Gefühl verliehen, ihren Reichtum und ihre Gewalttätigkeit leichter hinnehmen zu können. Manche dieser „vernünftigen" Geschichten sind grundsätzlich und liefern das Gerüst für viele andere Geschichten. Zwei solcher tiefen Geschichten sind der „Mythos von der erlösenden Gewalt" und die „Meta-Erzählung des militärischen Konsumdenkens".[14] Was bedeutet das in gewöhnlicher Sprache? „Das einzige, was funktioniert, ist Gewalt." „Die Macht bestimmt, was richtig ist." „Ich habe es verdient, besser dran zu sein als meine Eltern." „Immerhin gewährleistet die Rüstungsindustrie viele Arbeitsplätze." „Die Leute in unserer Gemeinde haben die Wahl: Entweder sie folgen unserer Leitung oder sie gehen woanders hin."

Wir werden ständig mit einer Diät aus Schönfärberei gefüttert, die darauf abzielt, uns nach den vorherrschenden Geschichten unserer Gesellschaft zu formen und uns zu geschmeidigen, angepassten und im Inneren zu Aggression und Gewalt neigenden Verbrauchern zu machen. Wenn wir diese Geschichten annehmen und uns zu eigen machen, besteht keinerlei Chance, dass unsere Gemeinden Kulturen des Friedens sind.

Deshalb ist es so wichtig, dass wir in unseren Gottesdiensten die göttliche Geschichte erzählen, darüber nachdenken und sie feiern.

Denken Sie mal darüber nach: Erzählen Ihre Gottesdienste diese Geschichte? Wird die Bibel so gelesen, dass ihre Erzählung lebendig wird? Gibt es Raum für Erfahrungsberichte, in denen das Handeln Gottes in unserem Leben bezeugt wird? Gibt es Berichte von der Weltkirche, die uns in das größere Geschehen mit hineinnehmen? Erreichen die Predigten das vorrangige Ziel, die Geschichte Gottes von Generation zu Generation weiterzugeben? Erzählen die Worte und Rituale beim Abendmahl die Geschichte? All dies kann uns daran erinnern und uns inspirieren, Gott zu loben – und zugleich anders zu leben. Wenn wir die Geschichte Gottes in unseren Gottesdiensten erzählen, nimmt die Wahrscheinlichkeit ab, dass wir von der gewalttätigen Wirklichkeitsdeutung dieser Welt erdrückt werden.

Wir flehen zu Gott um die Rettung der Welt

Die Verfasser der Bibel legen uns die Fürbitte nahe: für den Frieden Jerusalems (Psalm 122,6), für Könige und alle Menschen (1. Timotheus 2,1–2) sowie dafür, dass Gottes Reich komme und sein Wille auf Erden geschehe (Matthäus 6). Wir kommen zum Gottesdienst als Menschen, die Gottes Frieden kennen und deren Gemeinden dabei sind, Kulturen des Friedens zu werden. Wenn wir uns also versammeln, hören wir auf die Schreie von jenen Orten, denen der Friede vorenthalten wird. Wir lauschen auf ihr Schreien und schließen uns ihnen an, indem wir den Gott des Friedens anrufen, der das Stöhnen der Sprachlosen hört und die Gebete seines Volkes annimmt. Sein Geist leitet uns im Gebet (Römer 8,26–27) und unsere Gebete haben Auswirkungen auf der Erde (Offenbarung 8,3–4). In unseren Gebeten kämpfen wir gegen das Böse an, *gegen Mächte und Gewalten ..., die im Unsichtbaren ihr unheilvolles Wesen treiben* (Epheser 6,12). Wir ringen mit Mächten, die sich durch Ungerechtigkeit, Krieg, Rassismus, Schuldzuweisung und Verfolgung äußern.

Die Gebete des Volkes Gottes können erstaunliche Folgen haben. Vor 25 Jahren hätte sich niemand den Fall der Berliner Mauer, das Ende des Kalten Krieges, die Beendigung der Apartheid in Südafrika und den Beginn des Friedensprozesses in Nordirland vorstellen können. Doch manche Gemeinden hatten mit Ausdauer und Leidenschaft am Gebet festgehalten. *In aller Welt bereitet er den Kriegen ein Ende. Die Kampfbogen bricht er entzwei, er zersplittert die Speere und verbrennt die Kriegswagen* (Psalm 46,10).

Im Gebet nehmen wir an Gottes Wirken teil. Wir loben Gott für all die Orte, wo er in einer neuen und aufregenden Art und Weise *Schalom* stiftet. Wir beten für menschliche *Schalom*-Arbeiter – darunter auch die aus unseren eigenen Reihen, die wir dazu gesandt und beauftragt haben –, denn ohne die Macht Gottes können sie nicht viel ausrichten. Und irgendwie, durch unsere Gebete und die Gebete vieler anderer, kann Gott die Welt verändern. Der Theologe Walter Wink schreibt: „Die Geschichte gehört den Fürbittern, die die Zukunft in die Wirklichkeit glauben."[15]

Welche Unmöglichkeiten sind zur Zeit Inhalt unserer Fürbitte? Ein gutes Verhältnis zwischen Christen und Muslimen? Zwischen Männern und Frauen? Zwischen Weißen und Schwarzen? Zwischen Tamilen und Singhalesen? Beten wir für die weltweite Abschaffung von Atomwaffen? Das Ende von Armut und Ungerechtigkeit? Den Schutz von Straßenkindern? Für den Dienst der Gemeinde an den Geringsten, den Allerletzten und den Verlorenen?

Kann die Gemeinde eine Kultur des Friedens sein, ohne dass die Fürbitte ein integrierter Bestandteil ihres Gottesdienstes ist? Das wäre undenkbar!

Wir singen unsere Theologie

Unsere Lieder und Choräle sind wichtig. Über Theologie kann man reden – aber wir singen nur, was wir wirklich glauben. Hier gibt es noch viel Raum und Potential, um Kulturen des Friedens mit Kraft und Vision auszustatten. Aber es lauern auch Gefahren. Manche Christen lieben die alten Kirchenlieder so sehr, dass sie alles ablehnen, was neu ist oder ihnen zu gefühlsselig daherkommt. Manche der geliebten Choräle aus vergangenen Jahrhunderten kommen allerdings aus heutiger Sicht ziemlich individualistisch und frömmelnd daher.

Andere Christen lieben vor allem neue Lieder, lehnen alte Choräle ab und wollen Gott in einer Art und Weise anbeten, die eher der modernen Kultur entspricht. Beim Singen dieser neuen Lieder kann es jedoch vorkommen, dass Christen eine weltliche Theologie von Macht und Herrschaft befördern. Außenstehende könnten manche der Lieder als bedrohlich oder beleidigend empfinden. In Indonesien meinte ein muslimischer Geistlicher einmal, Muslime hassten Christen wegen ihrer Lieder, die rücksichtslos gegenüber den Empfindungen von Muslimen seien. In einem indonesischen christlichen Lied heißt es zum Beispiel: „Der Herr wird hart gegen unsere Feinde vorgehen" – womit Muslime sich angesprochen fühlen. Ein anderes Lied bekundet die Absicht der Christen, „Indonesien für Jesus zu gewinnen", was die Beziehungen zwischen Christen und Muslimen auf ein System von Gewinnen und Verlieren reduziert.

Beides ist wichtig, das Singen von traditionellen ebenso wie modernen Liedern, obwohl beide die Nachfolge der Gemeinde einengen und Anstoß erregen können. Gemeinden, die Kulturen des Friedens werden, sollten sich der künstlerischen Früchte der Schöpferkraft des Geistes Gottes sowohl der Vergangenheit als auch der Gegenwart bedienen. Sie müssen „Altes und Neues aus ihrer Vorratskammer hervorholen" (Matthäus 13,52). Bei der Auswahl sollten sie darauf achten, dass die Lieder vom Geist des *Schalom* inspiriert sind und friedenskirchlicher Theologie und Erfahrung poetisch und musikalisch Ausdruck verleihen. Kulturen des Friedens werden um neue Liederdichter in den eigenen Reihen beten. Ihre Arbeit ist deshalb so wichtig, weil wir das, was wir singen, in unser Inneres aufnehmen. Es wird uns begleiten, wenn wir am schwächsten sind, wenn wir alt sind und sterben. Lasst uns also weise die Lieder auswählen, denn wir glauben und werden das, was wir singen.

Gott versöhnt und verzeiht uns, darum geben wir Versöhnung und Vergebung weiter

Wenn wir Gott anbeten, bleibt er der Handelnde. Gott arbeitet daran, die Ziele seines Königreiches zu erreichen, *dass wir gut und richtig miteinander umgehen und dass Gott uns durch seinen Heiligen Geist mit Frieden und Freude erfüllt* (Römer 14,17). Gott ist dabei, uns mit sich zu versöhnen. Er heilt uns von unseren körperlichen und geistigen Schwächen, vergibt uns unsere Sünden und stellt unsere inneren Motive und Prioritäten wieder her. Anbetung gehört dabei zu den Hauptwerkzeugen der göttlichen Werkstatt. Sie ist ein Geschenk Gottes, das er benutzt, um das göttliche Ebenbild in uns wiederherzustellen und der Entfremdung ein Ende zu setzen. Das ist ein großzügiger und großartiger Schritt, eine Quelle endloser Bewunderung und Dankbarkeit.

Wenn der Gottesdienste zu Ende ist, ist damit nicht etwa auch die Anbetung der Kulturen des Friedens zu Ende: Sie wird sich während der Woche fortsetzen. Die biblische Aufforderung Gottes an sein Volk beinhaltet nicht nur, seine Vergebung anzunehmen, sondern auch anderen zu vergeben. Wir werden nicht nur mit Gott versöhnt – es geht auch darum, mit anderen versöhnt zu werden. Paulus drückt das kurz und bündig so aus: *Nehmt euch gegenseitig an, so wie ihr seid, denn auch Christus hat euch ohne Vorbehalte angenommen* (Römer 15,7).

Miroslav Volf hält fest, dass Paulus uns auffordert, „das Muster göttlichen Handelns gegenüber uns zum Muster für unser Verhalten anderen gegenüber zu machen".[16] Demnach ist jede Gemeinde, die die versöhnende und vergebende Liebe Gottes erfahren hat und feiert, aufgerufen, eine Kultur des Friedens zu werden. Sie ist dazu aufgerufen, die Versöhnung anzunehmen und zu feiern, die Gott uns anbietet, und sie dann an andere weiterzugeben und nicht etwa zu horten.

Manche dieser anderen Leute schließen sich durch Gottes Gnade der versöhnten Gemeinschaft an. Deshalb entwickelten die ersten Christen das Ritual des „Friedenskusses".[17] Damit feierten sie im Gottesdienst den göttlichen Frieden und stellten zerstörte

Beziehungen wieder her. Als versöhnter Leib konnte die Gemeinde somit auch anderen Versöhnung anbieten.[18] Jesus sagte seinen Jüngern, dass Versöhnung zwischen streitenden Brüdern wichtiger ist als die Opfergabe selbst (Matthäus 5,23ff)!

Jesus ging noch weiter und erinnerte seine Jünger daran, anderen zu vergeben, weil dies die Voraussetzung dafür sei, dass Gott ihnen vergebe. *Vergib uns unsere Schuld, wie wir denen vergeben, die uns Unrecht getan haben* (Matthäus 6,12). Und dann ging Jesus noch einen Schritt weiter: *Euer Vater im Himmel wird euch vergeben, wenn ihr den Menschen vergebt, die euch Unrecht getan haben. Wenn ihr ihnen aber nicht vergeben wollt, dann wird euch Gott eure Schuld auch nicht vergeben* (Matthäus 6,14–15).

Indem er die Wichtigkeit der Vergebung betonte, stellte Jesus das alttestamentliche Muster auf den Kopf. Im Alten Testament musste Versöhnung erfolgt sein, bevor Vergebung gewährt werden konnte. Also brachte der Hohepriester das Opfer des Sünders vor Gott, damit der Sünder wieder mit Gott versöhnt werden konnte. Doch Jesus bestand darauf, dass zuerst Vergebung gewährt werden muss, bevor eine echte Versöhnung stattfinden kann. Jesus umarmte die Sünder und Zöllner, als sie noch Sünder waren, um sie mit sich zu versöhnen und wieder in die Gemeinschaft aufzunehmen. Christus starb sogar für uns, als wir noch Sünder waren (Römer 5,8). Vergebung ist die Voraussetzung, nicht die Folge von Versöhnung.

Eine Gemeinde, die eine Kultur des Friedens wird, wird sich also immer wieder fragen: Erlauben wir Gott in unserem Gottesdienst, uns mit sich und miteinander zu versöhnen? Befähigen uns unsere Gottesdienste, Gottes Botschafter für das Stiften von *Schalom* und Versöhnung in der Welt zu sein? Eine Kultur des Friedens wird Wege finden, um Rituale für Vergebung und Versöhnung in der Gemeinde zu schaffen, damit Menschen, die an anderen schuldig geworden sind, Gottes gütige Stimme der Vergebung vernehmen: *Dann will ich dich auch nicht verurteilen. Geh, aber sündige nicht noch einmal!*

Wenngleich Vergebung und Versöhnung unmittelbar zwischen Opfer und Täter ausgehandelt werden sollten, ist es wichtig, dass der Schuldige Gottes Verheißung der Vergebung ausdrücklich zu hören bekommt. Durch Vergebungsrituale können Missetäter hören und begreifen, dass der liebende Gott sie angenommen hat und umarmt.

Gott ernährt uns am Tisch des Herrn und macht uns so zu einem Volk der Gleichheit, Gewaltlosigkeit und Versöhnung

Das Abendmahl ist eine unglaublich reichhaltige Feier, ein Ritual mit einer Vielzahl an Bedeutungen für friedenstiftende Christen. Dieser Reichtum ist keine Überraschung: Der typischste Ort, an dem Jesus seinen Jüngern begegnete, war bei Tisch. Noch heute begegnen wir Christus bei Tisch, wo er das Brot bricht, den Wein einschenkt und uns seine Gegenwart offenbart. Das Abendmahl beinhaltet viele Themen: Bund, Grenzen, Nachfolge, wirtschaftliche Gerechtigkeit, Mission.[19] Doch wir beschränken uns auf drei weitere Aspekte: Gleichheit, Gewaltlosigkeit und Versöhnung, die für das gottesdienstliche Leben von Kulturen des Friedens von zentraler Bedeutung sind.

- *Gleichheit*. Am Tisch des Herrn sind wir alle gleich. „Alle sind Sünder und haben nichts aufzuweisen, was Gott gefallen könnte." Und uns allen wird dieselbe Menge von Gottes unbegrenzter Speise und Trank angeboten. Das Abendmahl ist deshalb ein Ausdruck der radikalen Gleichheit des Evangeliums.

- *Gewaltlosigkeit*. Der Tisch des Herrn drückt auch die Gewaltlosigkeit des Evangeliums aus. Jesus sagte seinen Jüngern: „Erinnert euch an mich. Erinnert euch an mein Opfer für euch. Erinnert euch daran, wie ich mit Feinden umgegangen bin. Erinnert euch an meine Lehre. Erinnert euch an meine Gegenwart und Gnade. Gebt diese Dinge an andere weiter." Das Abendmahl bietet uns ein Ritual, das uns daran erinnert, dass Jesus alles neu gemacht hat. Jesus war der letzte Sündenbock. Nun gibt es keine Notwendigkeit weiterer Gewalt mehr.[20]

- *Versöhnung.* Christen schätzen das Abendmahl als eine Handlung, in der Gottes Vergebung, empfangen durch Jesu Opfertod und Auferstehung, erfahren wird. Das Abendmahl bietet uns aber auch die Gelegenheit, uns daran zu erinnern, wo wir jemandem Unrecht getan haben; zu bekennen, dass wir an anderen schuldig geworden sind und der Versöhnung bedürfen. Im Abendmahl wird uns Gottes Rechtfertigung und Vergebung oft nur für uns persönlich bewusst. Es lässt sich dabei leicht übersehen, dass das Abendmahl uns herausfordert und auffordert, darauf mit Versöhnungshandlungen zu reagieren.

Gott bietet uns Vergebung sowohl persönlich als auch gemeinschaftlich an. Aber seine Vergebung ist keineswegs billig. Das Evangelium Christi verlangt von uns, dass wir uns selbst echter Versöhnung verschreiben. Es fordert uns auf, die Menschen wahrzunehmen, an denen wir schuldig geworden sind. Wir können nicht einfach schweigend an den Abendmahlstisch treten, Gott um Vergebung bitten und so tun, als sei damit alles automatisch in Ordnung.

Ja, Gott gewährt uns Vergebung. Doch zuerst wendet er sich den Unterdrückten und Opfern zu und solidarisiert sich mit ihnen. Das tat Jesus, selbst ein unschuldiges Opfer von Gewalt und Ungerechtigkeit, am Kreuz. Er rief aus: *Eli, Eli, lema sabachthani? Das heißt: Mein Gott, mein Gott, warum hast du mich verlassen?* (Matthäus 27,46). Jesus identifizierte sich hier mit anderen unschuldigen Opfern. Auch deswegen betete er: *Vater, vergib ihnen, denn sie wissen nicht, was sie tun!* (Lukas 23,34).

Der Schrei und das Gebet Jesu am Kreuz entsprachen nicht denen eines Sünders, sondern dem Schrei und Gebet eines Menschen, der mit den Opfern solidarisch ist. Wer sind die Opfer? Das sind zum Beispiel kleine Mädchen, die von den eigenen Vätern sexuell missbraucht worden sind, oder Straßenkinder, die gezwungen werden, hartes Geld für ihre Herren zu verdienen, damit sie Alkohol oder Drogen kaufen können. Es sind auch die Hausmädchen, die 20 Stunden am Tag für einen Hungerlohn arbeiten müssen.

Jesus erinnert uns in Matthäus 5,23–24 daran, dass wir uns um Versöhnung bemühen sollen, wenn jemand etwas gegen uns hat – wir also an jemandem schuldig geworden sind –, bevor wir gemeinsam anbeten. Das gute Verhältnis zwischen uns und denen, denen wir Unrecht getan haben, muss wiederhergestellt werden. Das gilt für uns persönlich ebenso wie als Gemeinschaft und hat Auswirkungen darauf, wie die Gemeinde das Abendmahl erlebt.

Die göttliche Vergebung, die wir im Abendmahl feiern, gilt uns nur dann, wenn wir auf die Menschen zugehen, an denen wir schuldig geworden sind, und uns versöhnen, sie also um Vergebung bitten. Jesus ist nicht nur bei uns, den Sündern, gegenwärtig. Sondern er ist vor allem bei denen gegenwärtig, denen wir Unrecht getan haben. Wenn wir folglich im Abendmahl das Brot und den Wein zu uns nehmen, dann denken wir auch an die Menschen, deren Körper aufgrund unserer Sünde gebrochen sind, deren Blut aufgrund unserer Sünde geflossen ist. Wir sollten in Demut auf sie zugehen und um Verzeihung bitten.

Gemeinden, die Kulturen des Friedens werden, werden im Abendmahl viele Aspekte entdecken, die uns mit unserem friedenstiftenden Herrn erfüllen und auf derselben Wellenlänge halten.

Gott gestaltet unsere Vision und Mission

Gemeinden, die Kulturen des Friedens werden, erfahren einen Lebenkreislauf von Anbetung und Mission.[21] Wenn wir uns zum Gottesdienst versammeln, hören wir zu Beginn auf die „Lageberichte von der Front". Wir bringen die Erfahrungen, Verletzungen und Sehnsüchte mit, die wir in unserem Einsatz für das Reich Gottes in dieser Welt angesammelt haben. Wir denken über die Gewalt und Ungerechtigkeit nach und empfinden den Schmerz und die Härte zerstörter Beziehungen.

Wenn wir Gott dann gemeinsam anbeten, begegnen wir *dem, der uns seinen Frieden schenkt. Er hat unseren Herrn Jesus Christus von den Toten auferweckt* (Hebräer 13,20). Wir erzählen und feiern die Geschichte Gottes. Wir hören von den Wegen

Gottes und lernen, sie als den Pfad zu einem Leben in Fülle zu sehen. Wir loben Gott, sagen Dank und leisten Fürbitte.

Anbetung wirkt folglich wie ein Filter, der uns reinigt und unsere Sicht klärt. Und sie befähigt uns. Sie erneuert unseren Glauben, inspiriert uns neu mit der Gnade Gottes und seiner Vision für die Welt. Zum Abschluss des Gottesdienstes wird deutlich, dass Anbetung uns zur Mission ausrüstet.

Durch unsere Begegnung mit dem Gott des Friedens gestärkt, kehren wir in die Welt zurück – ausgestattet mit Hoffnung, Vision und geistlicher Kraft. Mit Mächten und Gewalten werden wir weiterhin ringen. Aber wir erkennen, dass Gott am Werk ist und Menschen zum Glauben ruft, neue Wege aus aussichtslosen Lagen weist und mitten in der Gesellschaft Kulturen des Friedens erschafft.

Wir selbst werden nicht ungeschoren davonkommen, aber der Gott des Friedens wird bei uns sein. Die Aufgaben werden uns überfordern. Wir werden scheitern. Also kehren wir wieder zurück zur Anbetung der Gemeinde und bringen unsere Zerbrochenheit ebenso wie frische Erfahrungen mit der Gnade Gottes dorthin mit. Und der Kreislauf geht weiter. Dieser Kreislauf der Anbetung ist für eine Kultur des Friedens wesentlich: er heilt uns, verleiht uns Kraft und hält uns auf Kurs. Durch Gottes Schöpferkraft verbindet dieser Kreislauf Gottes Liebe mit unserem Leben und mit seiner Welt. Gottesdienst ist ganz und gar keine weltabgewandte Quarantäne; er ist Herz und Seele einer Kultur des Friedens, die sich auf Gottes Welt einlässt.

Anmerkungen

1. Die Mennonitische Weltkonferenz versucht dem inzwischen durch die Initiative: *Gaben teilen* zu begegnen. Die theologischen Überlegungen und praktischen Ansätze dazu werden dargestellt in: Tim Lind und Pakisa K. Tshimika, *Teilen, was wir sind und haben – Als Kirche weltweit geben und empfangen* (Neufeld, Schwarzenfeld 2006).
2. Richard R. Gaillardetz, *Transforming Our Days – Spirituality, Community and Liturgy in the Technological Culture* (New York, Crossroad, 2000), 120.
3. Siehe ebenfalls den Diakon Sanctus, der während der Verfolgung in Lyon im Jahr 177 auf jede Frage antwortete: „Ich bin Christ." Herbert Musurillo, *The Acts of the Christian Martyrs* (Oxford, Clarendon Press, 1972), 69.
4. J. Nelson Kraybill, „A Christian Pledge of Allegiance", *The Mennonite*, 3. August 2004, 9–11. Die andere Theologin ist June Alliman Yoder.
5. Miroslav Volf, *After Our Likeness – The Church as the Image of the Trinity* (Grand Rapids, Eerdmans, 1998), 145–146, 148–149, 156, 170–171.
6. „Beteiligen Sie sich nicht an dieser Torheit (*dementia*)." *Passio Sanctorum Scillitanorum,* in Musurillo, *Acts,* 88–89. Aus dem Englischen übersetzt.
7. Rodney Clapp, *A Peculiar People – The Church as Culture in a Post-Christian Society* (Downers Grove, IL, InterVarsity Press, 1996), 96–98.
8. Stanley Hauerwas, *The Peaceable Kingdom – A Primer in Christian Ethics* (London, SCM Press, 1984), 100.
9. Craig Dykstra, *Vision and Character – A Christian Education Alternative to Kohlberg* (New York, Paulist Press, 1981), 52.
10. Alasdair MacIntyre, *After Virtue – A Study in Moral Theory* (Notre Dame, University of Notre Dame Press, ²1984), 208, 216.
11. Robert Bellah, Richard Madsen, William M. Sullivan, Ann Swidler und Steven M. Tipton (Hrsg.), *Habits of the Heart – Individualism and Commitment in American Life* (Berkeley, University of California Press, 1996), 81.
12. Stanley Hauerwas, *A Community of Character – Toward a Constructive Christian Social Ethic* (Notre Dame, University of Notre Dame Press, 1981), 125–127, 134, 136, 144–147, 151; Harry Huebner, „A Community of Virtues", in: *Church as Parable – Whatever Happe-*

ned to Ethics? Harry Huebner und David Schroeder, Hrsg. (Winnipeg, MB, CMBC Publications, 1993), 177.

13 Dykstra, Vision, 46.
14 Walter Wink, Engaging the Powers – Discernment and Resistance in a World of Domination (Minneapolis, Fortress Press, 1992), 13; Walter Brueggemann, Theology of the Old Testament – Testimony, Dispute, Advocacy (Minneapolis, Fortress Press, 1997), 718.
15 Wink, Engaging, 304.
16 Miroslav Volf, „The Clumsy Embrace", in: Christianity Today, 26. Oktober 1998, 69.
17 Römer 16,16; 1. Thessalonicher 5,26; 2. Petrus 5,14; Justinus, 1 Apol 65.2; Tertullian, De Oratione 18; Traditio Apostolica 18. Bemerkungen hierzu bei Eleanor Kreider, „Let the Faithful Greet Each Other – The Kiss of Peace", Conrad Grebel Review, 5.1 (1987), 29–49.
18 Didascalia Apostolorum, 2.54, 2.56; siehe Alan Kreider, „Peacemaking in the Syrian Church Orders", Studia Liturgica, 34.2 (2004), 177–190.
19 Eleanor Kreider, Communion Shapes Character (Scottdale, PA, Herald Press, 1997).
20 Clapp, Peculiar People, 110–111.
21 Steve Finamore, „Worship, Social Action and the Kingdom of Heaven", Theology Themes 4.2. (1997), 8–12.

7. Frieden am Arbeitsplatz

Menschen mit neuen Gewohnheiten

Es ist möglich, dass unsere Gemeinden Kulturen des Friedens sind! Obwohl sich Christen häufig um die Friedensfrage gedrückt haben, steht der Friede im Mittelpunkt dessen, wozu unsere Gemeinden berufen sind. Wir Christen fühlen uns der Gnade leidenschaftlich verpflichtet. Wir wissen, dass Gott uns nicht etwa aufgrund unserer Errungenschaften oder Tadellosigkeit errettet hat, sondern aufgrund seiner grenzenlosen Liebe und Barmherzigkeit. Das erfüllt uns mit Staunen und Lob.

Wer sich die biblischen Prioritäten zu eigen machen will, der wird sich genauso leidenschaftlich dem Frieden verpflichten. Gewöhnlich verbanden die neutestamentlichen Autoren am Anfang ihrer Briefe „Gnade und Frieden" miteinander (Römer 1,7; 1. Korinther 1,3 usw.). Was passiert, wenn unsere Gemeinden wie die Gemeinden zur Zeit des Neuen Testaments diese Verbindung neu entdecken? Es verändert unsere Theologie und unsere Denkweise. Es vertieft und bereichert das Gemeindeleben, unser gemeinsames Leben. Eine Neuentdeckung des Friedens verwandelt die Beziehungen der Gemeinden zueinander. Unsere Anbetung ist geprägt von einer neuen Realität und gewinnt an Tiefe. In diesem Kapitel geht es darum, wie der Gott des Friedens unsere Arbeit verwandeln kann, indem er unser Leben in dieser Welt mit neuer Kreativität und dem Potential, Frieden zu stiften, erfüllt.

Geprägt vom Leben einer Friedenskirche, werden wir an unserem Arbeitsplatz neue Fertigkeiten, Haltungen und Gewohnheiten zu bieten haben. Diese Gewohnheiten sind besonders wichtig. Der Theologe Stanley Hauerwas sagte einmal: „Wir müssen der Welt helfen, die Gewohnheiten des Friedens zu entdecken, deren Fehlen die Gewalt so oft als die einzige Option erscheinen lassen. Friedenstiften als Tugend hat mit einem Akt der Vorstellungskraft zu tun, der auf der langjährigen Gewohnheit basiert, Meinungsverschiedenheiten zu lösen."[1]

Welchen Unterschied machen die in einer Friedenskirche entstandenen Gewohnheiten in unserem Alltag? Katie, eine christliche Mutter, erlebte kürzlich folgendes: Mit ihren beiden kleinen Jungs war sie eines Nachmittags dabei, Schokoladenplätzchen zu backen. Der Duft erfüllte die Küche, als sie die ersten Bleche aus dem Ofen holten. Für die Jungs war es natürlich eine große Versuchung, als die Plätzchen dann auf dem Tisch abkühlten. Katie sah zum Fenster hinaus. Um diese Tageszeit schlenderten Schüler aus der High School auf dem Nachhauseweg bei ihnen vorbei. Alarmiert nahm Katie wahr, dass sich eine Menschenmenge auf dem Gehsteig direkt vor ihrem Fenster versammelt hatte. „Eine Prügelei! Ein Kampf!", hörte sie jemanden rufen. Andere schoben sich näher heran, um zu sehen, was da passierte. Eine natürliche Reaktion hätte darin bestanden, die Kleinen zu sich zu ziehen und die Auseinandersetzung hinter dem Küchenvorhang zu beobachten. Doch ein Reflex führte Katie dazu, etwas anderes zu tun: Sie nahm das heiße Backblech mit den duftenden Schokoplätzchen in die Hand und stürmte hinaus in die Menge:: „Will jemand ein Plätzchen? Schokoplätzchen?!" Schnell streckten sich die Hände dem Backblech entgegen, und die Menge löste sich auf ...

In einer Kultur des Friedens verändern sich unsere Gewohnheiten. Die meisten von uns, ob arbeitslos, zuhause bei den Kindern, oder berufstätig, haben die Chance, zu arbeiten und ihre Kreativität, ihre Fähigkeiten und ihren Schweiß zum Wohle anderer einzusetzen. Wenn unsere Gemeinden Kulturen des Friedens werden, entdecken wir, dass wir Neues – und neue Gewohnheiten – anzubieten haben.

Wir sehen die Welt mit anderen Augen

Wer wir sind und was wir tun, ist eng mit unserer Sicht der Realität verwoben. Wir treffen Entscheidungen im Rahmen der Welt, die für uns sichtbar ist. Und was für uns sichtbar ist, wird darin deutlich, was uns im Leben am wichtigsten ist.

Um richtig zu *handeln,* müssen wir auch richtig *sehen.* Menschen „unterscheiden sich nicht nur darin, dass sie verschiedene Dinge oder Tatsachen aus unserer gemeinsamen Welt auswählen, sondern auch darin, dass sie verschiedene Welten wahrnehmen."[2] Das erklärt das unterschiedliche Verhalten der Figuren in dem Gleichnis vom barmherzigen Samariter (Lukas 10,29–37). Der Samariter empfand Mitleid mit dem halbtoten Menschen und eilte ihm zur Hilfe. Doch ein Priester und ein Tempeldiener, vielleicht aus Angst, sich zu verunreinigen, zogen an ihm vorüber. An diesem Gleichnis kann man sehen, dass die Menschen sich nicht etwa deswegen unterschiedlich verhalten haben, weil sie unterschiedliche Tatsachen vor Augen hatten, sondern weil sie dieselbe Szene mit unterschiedlichen Augen sahen.

Eine verantwortliche Sicht der Wirklichkeit entsteht, indem man lernt, die Welt mit größerer Wahrhaftigkeit zu sehen. Es hat sehr grundsätzlich zu tun mit der „Gesamtsicht des Lebens".[3]

Was wir sehen, hängt tatsächlich nicht davon ab, was vor unseren Augen liegt, sondern davon, wovon unser Herz und unser Denken erfüllt ist. Deswegen ist die Gemeinde so wichtig. Sie kann uns helfen, die Welt um uns herum mit den Augen des Glaubens wahrzunehmen. Das ist schwierig, weil unser Blick oftmals durch Verzerrungen und Illusionen vernebelt wird. Die Gemeinde kann uns helfen, tiefer zu sehen, durch das scheinbar Augenscheinliche hindurch.[4] Wir sollten nicht davon ausgehen, dass diese Aufgabe leicht wäre. Doppeldeutigkeiten werden uns erhalten bleiben. Aber sie können aus einem besonderen Blickwinkel wahrgenommen werden.[5] James McClendon hat treffend ausgedrückt:

„Ganz sicher ist die Welt nicht christlich – Verdorbenheit, Rebellion und Ruin gibt es zuhauf. Doch Christen blicken durch erlöste Augen auf die Welt. Uns muss beigebracht werden, genau durch diese Augen zu schauen."[6]

Wir tun die Dinge anders

In Kapitel 4 haben wir uns damit beschäftigt, dass Christen in einer Kultur des Friedens lernen, die Vorgehensweise Jesu nachzuahmen, wie es in Matthäus 18,15ff beschrieben wird, „in Liebe zu wahrheiten" und mit einer „doppelten Sicht" zu sehen.[7] Dadurch wird eine bestimmte Art von Christen geformt. Diese Christen sind demütig, denn sie begreifen, dass sie Sünder sind, denen vergeben wurde. Sie fühlen sich wahrhaftigem Reden, aufmerksamem Zuhören und konstruktiven Prozessen verpflichtet. Sie sind gute Beobachter, die es für wichtig erachten, mit den Augen anderer ebenso zu sehen wie mit den eigenen.

Sie haben keine Scheu vor Konflikten, denn sie glauben, dass Gott Konflikte benutzen kann, um Frieden zu schaffen. Sie sind voller Hoffnung, denn sie glauben, dass Gott überall am Werk ist, um die Geschichte in Richtung der umfassenden Versöhnung in Christus zu bewegen (Kolosser 1,20). Diese Gewohnheiten, Überzeugungen, Haltung und Fertigkeiten sind in dieser Welt von unermesslichem Wert. Sie helfen, dass die Dinge besser laufen.

In allen Gemeinden gibt es Christen, die an ihrem Arbeitsplatz Friedensstifter sind. Sie sind sich dessen oftmals gar nicht bewusst, und wenn sie es erkennen, stellt es sich ihnen als überraschendes, gnädiges Geschenk Gottes dar. Ein Berater für Informationstechnologie beschrieb seine Entdeckung kürzlich so: „Mir dämmerte es, dass ich längst zum Frieden und der Entwicklung von Beziehungen beitrug, indem ich die Leute miteinander ins Gespräch brachte oder zwischen ihnen vermittelte. Gott ist nicht nur an meiner Arbeit interessiert. Sogar in unangenehmen Besprechungen und Sitzungen will er mich gebrauchen, um die Werte seines Reiches zu etablieren." Dieser Mann ist ein *Schalom*-Stifter, dem das erst jetzt bewusst wird.

Christen in Kulturen des Friedens glauben, dass Gott sowohl in der Kindertagesstätte wie in der Vorstandsetage wirkt. Wir glauben, dass Gott lebt und aktiv Frieden schafft. Wir sind überzeugt davon, dass er die Dinge verändern kann.

Woher wissen wir, ob Veränderungen tatsächlich von Gott her rühren? Wie können wir die Ergebnisse unseres eigenen Bemühens um Frieden beurteilen? Wir müssen begreifen, dass unser Bekenntnis zu Jesus Christus als Herrn mehr ist als ein privates oder konfessionelles Ideal. Es ist vor allem die Feststellung der Wirklichkeit. Die gesamte Welt und alle Bereiche des menschlichen Lebens befinden sich unter der Herrschaft Christi. Es gibt keinen notwendigen Widerspruch zwischen Christus und Kultur, zwischen Schöpfung und Erlösung. Selbst wenn wir eine positive Sicht der Welt haben, brauchen wir klare Unterscheidungen zwischen dem Wirken Gottes und dem des Bösen. Wir müssen unterscheiden zwischen dem Stiften von Frieden und dem Stiften von Bösem.

Die Kriterien für diese Unterscheidung finden wir im Leben, im Tod und in der Auferstehung von Jesus Christus. Gemeinden, die Kulturen des Friedens sind, sind die prüfenden Gemeinschaften, wo wir gemeinsam den Willen Gottes für uns und die Welt entdecken. In und durch diese Gemeinden erkennen wir Gottes Wirken in der Welt und fragen gemeinsam, ob ein bestimmtes historisches Ereignis den Weg Christi offenbart.[8]

Nicht alles, was geschieht – sogar in Bezug auf unsere Bemühungen, Frieden zu schaffen –, ist göttlich und göttlichen Ursprungs. Gewiss begibt sich Gott in unsere Welt hinein. Wir bekennen die Menschwerdung Christi, und das heißt immer, dass sich Gott in die Welt begeben hat, um uns zu zeigen, was wir binden sollen und was wir lösen müssen (Matthäus 18,18). Dabei müssen wir stets mit Demut und Gebet vorgehen.

Wir bringen den Ideenreichtum des Friedensstiftens in unsere Berufe

In Gemeinden, die sich zu Kulturen des Friedens entwickeln, bekommen Christen neue Ideen, neue Optionen kommen ihnen in den Sinn. Es ist weniger wahrscheinlich, dass sie sich zurücklehnen und sich konventionell verhalten.

Der Ideenreichtum des Friedensstiftens kann unsere Arbeit also verwandeln und die Grenzen des Machbaren verschieben. Solch eine Vorstellungskraft kann uns inspirieren, ungesicherte neue Wege einzuschlagen. Es ist wichtig, dass Gemeinden von solchen Erfahrungen berichten.

Manche dieser Geschichten sind wohlbekannt, etwa die Entstehung des Täter-Opfer-Ausgleichs (TOA) und andere Formen außergerichtlicher Konfliktschlichtung. Der TOA entstand aus der Erkenntnis zweier christlicher Bewährungsbeamten in Kanada, dass die biblische Justiz die Wiederherstellung von Beziehungen mit einschließt. TOA und ähnliche Programme sind inzwischen in Nordamerika und Westeuropa verbreitet; sie haben zu einschneidenden Veränderungen bei Strafverfahren geführt.[9]

Weitere Geschichten befassen sich mit Kunst, wie zum Beispiel der von Esther K. Augsburger und ihrem Sohn Michael D. Augsburger. Die beiden Bildhauer haben 1995 eine riesige Pflugschar aus 3000 Pistolen auf dem „Judiciary Square" in der US-Hauptstadt Washington errichtet. Die Skulptur zeugt vom göttlichen Friedenstiften. Esther K. Augsburger schrieb: „Geschaffen als Ebenbild Gottes, kann ich mich auch schöpferisch dafür einsetzen, eine gefallene Welt wiederherzustellen."[10]

In der philippinischen Stadt Dumaguete schuf eine Künstlerin Gemälde zu Friedensthemen. Gemeinsam mit anderen Künstlern, die ihre Vision teilen, zum Frieden auf den Philippinen beizutragen, führte sie eine Kunstausstellung zum Frieden durch.

Bei anderen Geschichten dreht es sich um die Musik. Auf der indonesischen Insel Bali komponierte ein Friedensaktivist ein interreligiöses Friedenslied mit dem Inhalt: „Bete für den Frieden der Menschheit ... *Schalom, Salam, Schanti, Siancay, Sadhu,*

7. Frieden am Arbeitsplatz

Damai ... Die Menschheit soll in Frieden leben." Das Lied wurde inzwischen in mehrere Sprachen des Landes übersetzt und wird vom *Center for the Study and Promotion of Peace* der *Duta Wacana Christian University* propagiert. Das Lied hat sich in indonesischen Grundschulen als hilfreich erwiesen, um die Kinder zu ermutigen, sich eine Welt vorzustellen, in der verschiedene Religionen friedlich miteinander leben.

Ein indonesischer Pastor, der teilzeitig bei einem christlichen Rundfunksender arbeitet, ergriff die Gelegenheit, etwas Riskantes zu wagen. Mit Hilfe der örtlichen Rundfunksender beschloss er, mit dem Kommandeur einer radikalen muslimischen Gruppe seiner Stadt, „Hisbollah Shabillilah" (Soldaten Gottes), Kontakt aufzunehmen. Als der Pastor das Hauptquartier der Gruppe zum ersten Mal besuchte, sah er an den Wänden viele Schwerter und Banner mit den Worten: „Kein Kompromiss!" in großen Lettern. Doch der Pastor nahm sich die Zeit, sich mit dem Kommandeur und seinen Leuten anzufreunden und sich mit ihnen über Wege zum Frieden zu unterhalten. Bei einem seiner späteren Besuche fiel dem Pastor auf, das etwas Zeichenhaftes geschehen war: Die Schwerter und Banner waren von den Wänden verschwunden. Der muslimische Kommandeur versprach sogar, seine Leute zu einem Seminar zum Thema Friedenstiften und Konflikttransformation zu senden, das der Pastor anbot. In Folge der Tsunami-Katastrophe vom 26. Dezember 2004 war der Kommandeur dann gerne bereit, mit dem Pastor und dem *Center for the Study and Promotion of Peace* bei einem Projekt der humanitären Hilfe und Traumabehandlung in Aceh und Nordsumatra zusammenzuarbeiten. Eines Tages meinte der Kommandeur zum Pastor: „Wenn ich dich bloß vor vier Jahren gekannt hätte! Dann hätte ich nicht 50 meiner Lieben verlieren müssen, die in Ambon und Poso [in einem Krieg zwischen Christen und Muslimen] umgekommen sind. Ich dachte früher, dass das Vergießen des Blutes von Heiden und Chinesen *halal* [vertretbar] sei, aber warum sehe ich das heute anders? Ist da irgendetwas Sonderbares in mir, seitdem ich dich kennengelernt habe?"

Manche Friedens-Geschichten sind gigantischen Ausmaßes, etwa das südafrikanische *Empowering for Reconciliation with Justice Project* (ERJ). Anfang der 1990er Jahre führte das ERJ über 1300 Führungskräfte in die Fertigkeiten der Mediation und des Friedensstiftens ein. Das war in einer Gesellschaft, die sich in einem gewaltigen Wandlungsprozess befand, äußerst notwendig.[11] Andere Geschichten, wie die leisen Bemühungen von Christen in der nordirischen *Parades Commission,* bleiben weitgehend unbekannt, obwohl auch sie von immenser Tragweite sind. Keiner, der an diesen Initiativen beteiligt ist, würde behaupten wollen, dass es die Dinge leichter macht, die Vision des Friedensstiftens in den Beruf hineinzutragen. Doch dadurch entstehen Hoffnung und neue Möglichkeiten.

Versöhnung mit anderen Christen und mit Menschen anderer Religionen

Vor einigen Jahren schuf ein Pastor in der indonesischen Stadt Solo ein interreligiöses und gruppenübergreifendes Friedensforum. Dieses Forum hat sich in verschiedenen Stadtbezirken intensiv dafür eingesetzt, Mediatoren aus mehreren religiösen Hintergründen auszubilden. Seit drei Jahrhunderten erlebt Solo immer wieder, dass aus örtlichen Zwistigkeiten Konflikte werden, die die ganze Stadt betreffen. Das Friedensforum hegt die Vision, in jedem Stadtbezirk eine interreligiöse Gruppe von Mediatoren (etwa 20 Personen aus fünf Religionen) zu haben, die der Gemeinschaft so früh wie möglich bei Konflikten helfen, bevor sie sich ausweiten.

In Makasar, ebenfalls Indonesien, hat der Befehlshaber von 400 Dschihad-Soldaten seine Gruppe aufgelöst, nachdem er Seminare des *Center for the Study and Promotion of Peace* besucht hatte. Ein Gespräch mit Christen und gemäßigten Muslimen hatte seine Sicht verändert, wie gesellschaftliche Konflikte zu lösen seien.

Friedenstiften am Arbeitsplatz

Unsere Überzeugungen in Bezug auf Frieden müssen sich in der realen Welt bewähren. Wie bereits betont, müssen wir unsere Umgebung wachsam wahrnehmen – einschließlich unseres Arbeitsplatzes. Der Theologe Max Stackhouse weist darauf hin, dass wir die sozial-ökonomischen Institutionen um uns herum beobachten und feststellen müssen, von welchem Geist sie geleitet werden, auch unseren Arbeitsplatz. Stackhouse schlägt vor, die Geisteshaltung anhand der fünf Aspekte Berufung, Moral, Befreiung, Sünde und Bund zu beurteilen.[12]

Berufung

Jede sozial-ökonomische Institution, kommerziell oder gemeinnützig, von Christen geführt oder nicht, hat ihre eigene, spezifische Berufung, den Menschen in Gottes Ökonomie zu dienen. Jede Institution soll durch ihre besonderen Fertigkeiten, Dienstleistungen oder Produkte zum Gemeinwohl beitragen – selbst wenn sie dabei Gewinne erzielt. Krankenhäuser sind dazu da, Kranke zu heilen und zu versorgen; Hochschulen beschäftigen sich mit der Suche nach Weisheit und Wahrheit; Unternehmen tragen zum ökonomischen Wohlstand der Gesellschaft bei.

Da jede Institution ihre eigene Berufung hat, sollte sie bei ihrem Bemühen um das gesellschaftliche Wohl proaktiv und nicht überwiegend reaktiv sein: Institutionen sollten auf mögliche Opfer des eigenen Verhaltens – oder der politischen und ökonomischen Gepflogenheiten – achten.

Menschen, deren Werte von Kulturen des Friedens geprägt werden, werden sich in ihrem Beruf umsehen und Fragen stellen: Welche Berufung hat diese Arbeitsstelle? Stimmt sie mit dem Willen Gottes für Frieden auf der Erde überein? Falls ja, ist diese Arbeitsstelle dieser Berufung bisher treu gewesen? Hat sie den *Schalom* der Gesellschaft ebenso befördert wie den ihrer Aktionäre?

Moral

In der Postmoderne sind Einzelne wie sozial-ökonomische Institutionen zurückhaltend, über Moral und Sitte zu reden. Vielleicht wollen sie nicht der Selbstgerechtigkeit bezichtigt werden. Doch die Scheu davor, Grundsatzprinzipien von Richtig und Falsch zu diskutieren, hat dazu geführt, dass viele sozial-ökonomische Institutionen entweder gesetzlich-kleinlich oder pragmatisch wurden: alles ist vertretbar, solange es nur strategisch und effizient ist. Das betrifft sowohl die internen wie auch die externen Verhaltensregeln von Institutionen.

Mitglieder von Gemeinden, die Kulturen des Friedens werden, werden sich ihre Arbeitsstellen anschauen und fragen: Vertritt meine Firma moralische Werte? Falls ja, wie, und mit welchen Mitteln? Gibt es ermutigende Ansätze, über die moralische Vertretbarkeit von Richtlinien und Aktivitäten nachzudenken? Oder werden Richtlinien nur aufgrund der Tatsache akzeptiert, dass sie legalistisch oder pragmatisch sind?

Befreiung

Eine sozial-ökonomische Einrichtung kann befreiend wirken, sie kann aber auch unterdrücken und ausgrenzen. In der Planungs- und Durchführungsphase sollte sich jede Institution überlegen, zu welcher Art von Befreiung sie in den eigenen Reihen sowie in der Gesellschaft beitragen wird.

Gemeindeglieder aus Gemeinden, die zu Kulturen des Friedens werden, werden ihre Arbeitsplätze betrachten und Fragen stellen: Wird ihre Arbeitsstelle ein Ort der Befreiung oder der Unterdrückung und Ausgrenzung? Spielt Befreiung grundsätzlich eine Rolle in der Planung und Umsetzung von Initiativen? Werden die Mitarbeiter gut behandelt, geachtet und angemessen bezahlt, oder wird versucht, Engagement durch Missachtung und Unterdrückung zu erreichen?

7. Frieden am Arbeitsplatz

Sünde

Das Streben nach Produktionssteigerung hat oftmals zur Vernichtung von Ressourcen geführt, die Gott der Menschheit in der Schöpfung geschenkt hat. Wir Menschen haben das Gesetz des Sabbats vergessen, das allen Kreaturen Raum und Zeit verschafft, um sich auszuruhen und zu erholen. Die Verteilung von Gütern beinhaltet oftmals das Opfern mancher Lebewesen. Manche Leute gewinnen überproportional auf Kosten anderer. Und durch zunehmenden Verbrauch hat sich der Abfall vervielfacht.

Sozial-ökonomische Aktivitäten sind oftmals geprägt von der Ausbeutung anderer. Sozial-ökonomische Einrichtungen können zu Kultstätten zur Huldigung des Mammon werden. Eine derart verkehrte Anbetung fordert das Opfern von Menschen und anderer Kreaturen auf ihren Altären. Dafür gibt es nur eine einzige Bezeichnung: Sünde.

Menschen, deren Gewohnheiten von einer Kultur des Friedens bestimmt werden, werden sich ihre Arbeitsplätze anschauen und Fragen dazu stellen: Für welche Sünden in Produktion, Verteilung und Verbrauch sollte die Firma Buße tun? Lässt die Firma die Absicht erkennen, ihre Aktivitäten durch die Achtung des Sabbats in Balance zu bringen? Verteilt sie soziale Güter (Position, Gehalt, Belohnung, Anerkennung, soziale Dienste usw.), ohne andere zu gefährden? Berücksichtigt der Verbrauch der Firma die Beständigkeit, Bewahrung und Nachhaltigkeit der Umwelt? Strebt sie eine Ausweitung ihres Geschäfts durch eine gesunde Konkurrenz an, oder durch moralisch verwerfliche Mittel wie feindliche Übernahmen, Betrug und ähnliches? Achtet sie ihre Konkurrenten als berechtigt oder eher als Feinde, die es zu besiegen und zu vernichten gilt?

Bund

Zwischenmenschliche Beziehungen in sozial-ökonomischen Einrichtungen sollten auf einem Bund basieren – nicht auf Macht. Diese Einrichtungen sollten zu Orten werden, wo Macht geteilt und nicht angesammelt wird; wo es vielfältige Autorität gibt und nicht zerstörende Zentralisierung oder Homogenisierung. Entscheidungen sollten auf breiter Basis getroffen werden und nicht nur von einer autokratisch herrschenden Elite. Alle Beteiligten sollten angemessen daran beteiligt sein, den Kurs der Einrichtung zu entwickeln.

Menschen, deren Wahrnehmung in Kulturen des Friedens geschärft wird, werden sich ihre Arbeitsstellen anschauen und Fragen stellen: Ist das Verhältnis zwischen Mitarbeitern und Management respektvoll und würdevoll oder autoritär? Spiegeln die Strukturen einen gerechten Einsatz von Macht oder Machtmissbrauch wieder? Wird eine Struktur gegenseitiger Verantwortlichkeit praktiziert, oder gibt es nur kalte Hierarchie, die die Menschen dazu bringt, nach oben zu buckeln, nach unten zu treten und seitwärts die Ellbogen auszufahren?

Nun sollte klar sein, dass es hilfreich ist, wenn Gemeinden im Prozess, Kulturen des Friedens zu werden, ihre Mitglieder in Mediation und Konflikttransformation schulen. Das wird uns dazu ausrüsten, unseren Arbeitskollegen beim Lösen oder Verwandeln von Konflikten zu helfen. Sie können diese Fertigkeiten auch selbst lernen. Je mehr Leute, die darin trainiert sind, desto heilvoller wird die Arbeitsstelle sein.

Wir sollten unsere Vorgesetzten davon überzeugen, dem Management sowie der Belegschaft Schulung in Mediation und Konflikttransformation anzubieten. Konflikte am Arbeitsplatz können die Produktivität drastisch reduzieren – daher profitiert die gesamte Firma von solchen Investitionen. Der Gebrauch von Macht und Gewalt zur Lösung von Konflikten beschädigt andererseits das gesamte Umfeld. Ungelöste Konflikte führen ebenfalls häufig zu sinkender Produktivität. Für eine Firma ist es folglich preiswerter, in Schulungen für Mediation und Konflikttransformation zu investieren.

Friedenstiften zuhause

Wenn wir zu einer Familie gehören, die dem Frieden verpflichtet ist, wird unser Haushalt auf friedvolle Weise geführt. Eine entscheidende Frage dabei ist die Erziehung unserer Kinder.

Thomas Gordon schlägt vor, dass wir zwischen *Disziplin* – als Substantiv – und *Disziplinieren* – als Verb – unterscheiden.[13] Die meisten Menschen sind sich einig, dass die Disziplin (Substantiv) unseren Kindern von Nutzen sei. Wir wünschen uns, dass unsere Kinder diszipliniert leben. Doch die Meinungen über die Notwendigkeit und Bedeutung des Disziplinierens gehen auseinander.

Viele denken, dass Kinder diszipliniert oder beherrscht werden müssen, um Disziplin zu lernen. Doch Disziplin wird niemals durch *Macht* erreicht. Disziplin wird am besten mit *Einfluss* erzielt.

Machtausübung erzeugt Rebellion, Widerstand, Vergeltung oder Lügen. Manchmal fügen sich Kinder den Befehlen ihrer Eltern, doch dieser Gehorsam könnte allein auf der Angst vor Bestrafung beruhen. Die psychologische Wahrheit sieht so aus: „Man gewinnt mehr Einfluss auf junge Menschen, wenn man die Macht preisgibt, sie zu kontrollieren. Je mehr Sie Ihre Macht einsetzen, um andere zu beherrschen, desto weniger faktischen Einfluss werden Sie auf ihr Leben haben." Einige Vorstellungen von Thomas Gordon wollen wir kurz erwähnen:

- *Die Bedürfnisse der Kinder herausfinden.* Wenn Kinder Dinge anstellen, die wir nicht hinnehmen können, gibt es immer einen Grund dafür. Es ist wichtig, herauszufinden, was die Kinder wirklich benötigen, und sich dem zuzuwenden. Das setzt aufmerksames Zuhören und eine wohlwollende Einschätzung voraus.

- *Konfrontierende Ich-Botschaften vermitteln.* Anstelle von Beschuldigungen ist es effektiver, wenn wir dem Kind mit einer Ich-Botschaft mitteilen, was wir aufgrund seines unakzeptablen Benehmens empfinden. Man kann Kindern zum Beispiel sagen, dass wir uns als reine Chauffeure missbraucht fühlen, wenn sie sich für das Abholen von der Schule nicht bedanken. Das wirkt besser als ein ermahnender Vorwurf.

- *Vorbeugende Ich-Botschaften gebrauchen.* Im Gegensatz zu konfrontierenden Ich-Botschaften teilt eine vorbeugende Ich-Botschaft Kindern mit, welches Benehmen wir künftig von ihnen erwarten. Wir sagen ihnen also zum Beispiel, dass sie uns um Erlaubnis bitten sollen, wenn sie länger weg bleiben möchten, damit wir uns nicht unnötig Sorgen machen.
- *Widerstand abbauen durch Umschalten.* Auch wenn wir Ich-Botschaften senden, können Kinder mit Widerstand reagieren. In einer solchen Lage ist es angebracht, dass wir von unserer Haltung, etwas durchsetzen zu wollen, umschalten auf Zuhören und Verstehen. Es ist wichtig, dass unsere Kinder wissen, dass wir uns nicht auf ihre Kosten holen, was wir brauchen.
- *Problemlösung.* Manchmal überzeugen auch diese Ansätze (Ich-Botschaften, Umschalten) Kinder nicht, ihr unakzeptables Benehmen zu verändern. Wenn Kinder einfach weitermachen, müssen wir gemeinsam mit ihnen vertretbare Lösungen erarbeiten. Dazu gehört: 1. Die Bedürfnisse, Hoffnungen, Ängste und Leidenschaften beider Seiten feststellen. 2. Lösungsvorschläge entwickeln. 3. Eine Lösung auswählen, die die Kinder und wir selbst gleichermaßen akzeptieren können.
- *Das Grundgefühl orten.* Oftmals erkennen Eltern nicht, dass hinter ihrem Zorn gegen ihre Kinder ein tieferliegendes Gefühl stecken könnte. Ärger ist ein sekundäres Gefühl. Er könnte eine andere Form von Du-Botschaft sein, und somit richtend und zerstörend.

Wenn wir über die schlechten Noten unserer Kinder ärgern, könnte das Grundgefühl sein, dass wir uns wegen der schlechten Leistung schämen. Wir ärgern uns über sie, doch unser eigentliches Gefühl ist Scham. Der Zorn ist ein sekundäres Gefühl, das unsere Scham überdeckt. Es ist wichtig, dass wir einen Augenblick innehalten, wenn wir uns über unsere Kinder ärgern. Wir müssen das Gefühl erkennen, das den Zorn in uns verursacht.

Gott kann unseren Standort und unsere Berufung verändern

Es gibt Zeiten, da werden wir unruhig in unserer Arbeit. Die biblische Vision von *Schalom*, die in unseren Gemeinden gelehrt wird, kann dazu führen, dass uns allzu leichte Aufgaben nicht mehr befriedigen; vielleicht bewirken wir kaum etwas im Reich Gottes. Vielleicht sind wir offen für eine neue Aufgabe, die sich unmittelbarer dem Schmerz der Menschen zuwendet. Vielleicht entsendet unsere Gemeinde eine Gruppe von Mitgliedern, in einem Brennpunkt unserer Stadt zu leben und arbeiten; vielleicht verzichten wir auf gesicherte Verhältnisse und begeben uns an die Front des *Schalom*-Stiftens. Frisch pensionierte Menschen können sich als Freiwillige für Aufgaben zur Verfügung stellen, die Grenzen überschreiten und Bedürftigen dienen. In allen dieser Fälle öffnen wir uns dem ersten Teil des „Dreifachen U" des evangelikalen Propheten und Städteplaners John Perkins: „Umzug, Umkehr, Umverteilung".[14] Umzug: Das Evangelium des Friedens kann uns an einen neuen Ort befördern.

Das Evangelium des Friedens kann auch unsere Berufung verändern. Die Angewohnheiten, Einstellungen und Fertigkeiten, die uns in einer Friedenskirche beigebracht werden, können zu Problemen an der Arbeitsstelle führen. Vorgesetzte oder Arbeitskollegen könnten die Vision des Friedensstiftens, die wir in unsere Arbeit hineinbringen wollen, ablehnen. Und manchmal erkennen wir mit überraschender Klarheit, dass unser Beruf mit der Anbetung des Gottes des Friedens nicht unter einen Hut zu bringen ist. Aus diesen Gründen könnten Glieder von Gemeinden, die sich in Kulturen des Friedens verwandeln, Unterstützung benötigen beim Wechsel von Arbeitsstellen und der Umstellung auf eine neue Berufung.[15]

Nach vielen Jahren im Dienst einer Firma für Militärelektronik kündigte der englische Ingenieur David Cockburn seinen Job und nahm ein Master-Studium in Friedensforschung auf, um sich auf eine Arbeit vorzubereiten, an die er wirklich glaubte. David ist ein Christ, der unterwegs ist. Ein Besuch der Gedenkstätte des nationalsozialistischen Konzentrationslagers Dachau hatte ihn tief bewegt; die Krise in Jugoslawien ging ihm sehr nah und er fühlte sich doch hilflos. Durch Jesaja 58,6–10 vernahm er, wie Gott ihn zu einer neuen Lebensvision einlud. Und er beobachtete Christen aus Friedenskirchen, vor allem in Nordirland, die neue Dinge im Bereich der Konfliktbewältigung unternahmen, was ihn mit Hoffnung erfüllte. Er schreibt:

> „Ich habe beobachtet, wie sie im Bereich Mediation und Konfliktbewältigung arbeiten und tatsächlich Veränderungen herbeiführen. Sie haben ein gutes Verständnis und einen Sinn dafür, wie man in diesen Situationen mit Gott kooperieren kann. So habe ich begonnen, eine Chance für Veränderung in aussichtslosen Lagen zu erahnen. Das hat mich dazu geführt, mehr verstehen zu wollen, und mich davon abgehalten, etwas zu unternehmen, ohne zu verstehen."[16]

Der Elektronikindustrie ist David verloren gegangen. Doch jetzt kann er sich für etwas einsetzen, woran er als Christ wirklich glaubt, Als Freiwilliger ist er Teil der *Christian Peacemaker Teams* in Palästina (www.cpt.org). Gott verändert uns; er kann auch unsere Arbeit verändern.

Anmerkungen

1 Stanley Hauerwas, *Christian Existence Today – Essays on Church, World, and Living In Between* (Durham, NC, Labyrinth Press, 1988), 95.

2 Stanley Hauerwas, *Vision and Virtue – Essays in Christian Ethical Reflection* (Notre Dame, Fides Publishers, 1974), 35.

3 Ibid., 20, 79.

4 Craig Dykstra, *Vision and Character – A Christian Education Alternative to Kohlberg* (New York, Paulist Press, 1981), 58.

5 Stanley Hauerwas, *Character and the Christian Life – A Study in Theological Ethics* (Notre Dame, Notre Dame University Press, 1994), 223–224.

6   James Wm. McClendon, Jr., *Systematic Theology, Ethics,* 1 (Nashville, Abingdon Press, 1986), 90.

7   Miroslav Volf, *Exclusion and Embrace – A Theological Exploration of Identity, Otherness, and Reconciliation* (Nashville, Abingdon Press, 1996), 213, 256.

8   1. Korinther 12,3; 14,29; 1. Thessalonicher 5,21; 2. Petrus 1,20; 1. Johannes 4,1.

9   John Bender, „Reconciliation Begins in Canada," *Mennonite Central Committee Peace Section Newsletter,* 16 (Jan.–Feb. 1986), 1–3.

10 Esther K. Augsburger, „Guns into Plowshares – a Sculpture for Peace" (Typoskript).

11 Walter Wink, *When the Powers Fall – Reconciliation in the Healing of Nations* (Minneapolis, Fortress Press, 1998), 62–63.

12 Max L. Stackhouse, *Public Theology and Political Economy – Christian Stewardship in Modern Society* (Grand Rapids, Eerdmans, 1987), 113–137.

13 Thomas Gordon, *Discipline that Works – Promoting Self-Discipline in Children* (New York, Plume, 1991).

14 John Perkins, *With Justice for All* (Ventura, CA, Regal Books, 1982). Hilfreiche Bemerkungen finden sich auch bei Mark R. Gornik, *To Live in Peace – Biblical Faith and the Changing Inner City* (Grand Rapids, Eerdmans, 2002), 167, ff.

15 Die katholischen Bischöfe der USA benannten dies in ihrem Pastoralbrief von 1983 zum Thema Krieg und Frieden, „The Challenge of Peace", Abschnitt 318: „Wer sich entscheidet, dass er nicht weiterhin mit irgendwelchen militärischen Aktivitäten verbunden sein will, sollte innerhalb der katholischen Gemeinschaft Unterstützung finden." (Philip J. Murnion, Hrsg., *Catholics and Nuclear War* (Maryknoll, NY, Orbis Books, 1983), 332.

16 Weihnachtsbrief von David Cockburn, 18. Dezember 1997.

8. Die Kultur des Friedens in Zeiten des Krieges:

Etwas verändern, ohne am Ruder zu sein

Die Welt befindet sich in Aufruhr. Die Zeitungen und manchmal auch die Städte, in denen wir leben, sind voller Gewalt und Bedrohung. Die Menschen sind zornig und verängstigt. Wie können wir in einer solchen Welt ein Volk des Friedens sein? Das ist nicht leicht – es mag uns komisch vorkommen, für den Frieden zu sprechen. Und wir fühlen uns unbedeutend; es mag Zeiten geben, wo wir Angst haben, uns eindeutig zu äußern. Es kommt einem so aussichtslos vor! Warum den problembeladenen Weg gehen, zu versuchen, eine Kultur des Friedens zu sein, während die meisten Leute eindeutig anderer Meinung sind, unhöflich oder sogar gefährlich gegenüber denen werden können, die unangepasst leben? Wollen wir wirklich auffallen?

Wäre es nicht schlauer, den Mund zu halten, oder sogar die eigene Denkweise zu ändern? Schließlich gibt es auch jede Menge Christen, die nicht unserer Ansicht sind. Woher nehmen wir überhaupt die Gewissheit, richtig zu liegen? Warum sollten sich Gemeinden auf den Weg machen, Kulturen des Friedens zu werden? Warum sollten wir unsere Länder nicht anfeuern, „Frieden durch Stärke" (so das Motto der Vereinigten Staaten) zu erzielen? Die Welt ist doch groß, und wir sind sehr klein. Wir haben keine Macht, keine Kontrolle. Wir sind bedeutungslos. Können wir denn überhaupt etwas bewegen?

Wir sind davon überzeugt, dass Gemeinden, die Kulturen des Friedens werden, etwas verändern können. In Bescheidenheit möchten wir sechs Wege aufzählen – wir und unsere Gemeinden verfügen nicht über den vollkommenen Durchblick. Und wir leben auch nicht immer entsprechend unserer Grundsätze – wir sind in vielerlei Weise kompromittiert. Aber wir glauben, dass Gottes Volk, selbst wenn es eine Randerscheinung ist und belanglos scheint, etwas bewegen kann und bewegt in einer Welt, die wir nicht steuern können. Wie ist das möglich?

Indem wir wir selbst sind

Gott ruft uns, als Nachfolger des Friedefürsten, dazu auf, wir selbst zu sein! Gott sagt, dass wir gesegnet seien, wenn wir Frieden stiften (Matthäus 5,9). Lasst uns deshalb in unseren Familien, Schulen und Arbeitsstellen, *uns mit allen Kräften darum bemühen, in Frieden miteinander zu leben* (Römer 14,19). Lasst uns Frieden schließen in unseren Familien, an unseren Schulen und im Beruf. Lasst uns schöpferisch, fantasievoll und überraschend wirken. Genau wie die Auferstehung Jesu alle in Staunen versetzte, sollte auch die Kirche des auferstandenen Herrn die Welt überraschen. Heutzutage sehen viele Menschen nur die Sackgassen; Gewalt scheint der einzige Ausweg zu sein. Aber so muss es gar nicht sein. In der Macht der Auferstehung können Christen kreativ dafür arbeiten, unerwartete Alternativen aufzuzeigen. Die Auferstehung kann heute bedeuten, dass die göttliche Friedens- und Lebenskraft die Macht von Gewalt und Tod überwindet.

Im Beruf
- Wir können Neues ausprobieren: Grundschullehrer können ein innovatives Konzept unterstützen, in dem sich Schüler als Mediatoren bei Streitfällen innerhalb der Klasse betätigen.[1]
- Wir können tun, was andere unterlassen. In einer Zeit, in der die meisten Ausländer Israel den Rücken kehren, leben Missionare aus einer Friedenskirche in Nazareth und hauchen der Stadt neues Leben ein. Ihre Bemühungen sollen allen Besuchern, ob Juden, Muslime oder Christen, den Weg Jesu erläutern. In einer Zeit, in der die meisten Westler panische Angst vor dem Iran als Stätte des radikalen Islam verspüren, sorgt ein junges christliches Paar aus Nordamerika für christliche Präsenz in der Stadt Qom, dem Zentrum des schiitischen Islams. Dort studieren sie islamische Theologie. In einer Zeit, in der die meisten Einwohner von Bihar/Indien das *Maoist Communist Centre* fürchten, hat eine Gruppe Christen am Ort der Gewalt abgesagt und hält den Kontakt zu diesem Zentrum aufrecht. Die Maoisten haben sie bisher mit unverhoffter Zuvorkommenheit behandelt, denn „wir verhalten uns *äußerst liebevoll* gegenüber allen und bemühen uns ernsthaft, ihnen Gutes widerfahren zu lassen".[2]
- Wir können die Dinge anders tun. Wenn die Menschen polarisiert sind, können wir uns mit Sanftmut zu den umstrittenen Themen wie Abtreibung, Todesstrafe und Krieg äußern und dabei auf das „nahtlose Kleid" einer Hingabe an das Leben hinweisen, die sie verbindet.[3]

Als Gemeinden
- Wir können ein Friedenszeugnis sein. Eine Gemeinde in Landisville/Pennsylvania kaufte 300 Exemplare von John Roths Buch *Choosing against War – A Christian View* (Entscheidung gegen den Krieg – ein christlicher Standpunkt).[4] Erwachsene und Jugendliche gaben es an ihre Freunde weiter; manche ließen das Buch absichtlich in Restaurants liegen, mit einem Zettel für den Finder: „Lesen Sie es und geben Sie es weiter."

Ein Jugendlicher sandte sogar ein Exemplar an den US-Außenminister.

Wie auch immer unsere Lage aussieht
- Wir können in einfacher Weise zum Ausdruck bringen: Wir sind nicht der Auffassung, dass Krieg die Lösung bringt, für niemanden.

Was sind die Folgen dieser Bemühungen? Wer weiß? Zumindest säen wir die Saat des Friedens. Wir müssen in Erinnerung behalten, dass wir nicht zuerst Frieden stiften, weil es „funktioniert", sondern aus Treue zu Jesus Christus. Unser Erfolg als Kirche und als Christen sollte nicht an unserer Effektivität in der Gesellschaft gemessen werden, sondern an unserer Treue gegenüber dem Evangelium des Friedens. Uns liegt nicht deswegen am Frieden, weil er der Welt *Gutes bringt,* obwohl das zutrifft, sondern weil Frieden an sich *gut ist.* Wir sind schlicht dazu aufgerufen, das zu tun, was für die Freunde und Jünger Jesu normal ist. Wir sind aufgerufen, wir selbst zu sein – Menschen des Friedens Jesu.

Indem wir warnen

Christen aus Kulturen des Friedens verfügen – auch wenn wir nur wenig irdische Macht innehaben – über eine biblische Sichtweise, die uns befähigt, zu sehen. Und somit können wir andere liebevoll warnen.

Die weltliche Macht könnte schwächer sein, als es scheint. Die Dinge könnten ganz anders sein, als es aussieht. Streitkräfte vermitteln den Eindruck unglaublicher Stärke. Saddam Hussein wurde nachgesagt, er verfüge über Massenvernichtungswaffen (was nicht stimmte). Wir wissen, dass u. a. die Vereinigten Staaten, Frankreich und Indien Massenvernichtungswaffen besitzen. Man sagt, sie statten ein Land mit Stärke aus. Christen aus Kulturen des Friedens stellen diese Behauptungen vermeintlicher Stärke in Frage.

8. Die Kultur des Friedens in Zeiten des Krieges

Quer durch die Bibel haben Propheten wie Jesaja sich gegen Menschen ausgesprochen, die ihr Vertrauen in militärische Macht setzten: *Sie setzen ihre Hoffnung auf Pferde, sie vertrauen auf die unzähligen Streitwagen und die starken Reitertruppen* (Jesaja 31,1). Doch Jesaja hatte eine andere Auffassung: *Der Herr braucht nur drohend seine Hand zu erheben, schon stolpert der Helfer, der Hilfesuchende stürzt, und alle beide kommen um* (Vers 3).

Jesus empfand die Qualität militärischer Macht ebenfalls als flüchtig. Er sah auf Jerusalem und weinte: *Der Friede war dir so nahe, warum nur wolltest du ihn nicht haben? Und auch jetzt willst du ihn nicht* (Lukas 19,41ff). Jesus klagte darüber, dass die Menschen ihn und seinen Weg ablehnten und ihr Vertrauen in Waffen setzten. Jesus sagte denen Verderben voraus, die auf Waffen vertrauten: *Der Tag wird kommen, an dem deine Feinde einen Wall um deine Mauern aufwerfen und dich von allen Seiten belagern. ... Kein Stein wird auf dem anderen bleiben. Warum hast du die Gelegenheit nicht genutzt, die Gott dir geboten hat?* (Lukas 19,43–44). Das widerfährt Menschen, sagt Jesus, die an den Krieg glauben.

Was sagen also Christen aus Kulturen des Friedens in Kriegszeiten? Wie Jesus und die Propheten erheben sie ihre Stimme und warnen, liebevoll und mit Anteilnahme. Wenn die Verfechter des Krieges behaupten, Gewalt werde zu einem schnellen, sauberen Ergebnis führen, werden Menschen aus Friedenskirchen sie, wie Jesus, daran erinnern, dass sie Illusionen erlegen sind. Geschichtliche Ereignisse zeichnen sich durch Ironie aus: Der Ausgang entspricht nicht den Erwartungen der Menschen. Menschliche Unterfangen haben unbeabsichtigte Folgen.

Das Zeugnis von Menschen aus Kulturen des Friedens wird nicht darin bestehen, Regierungen detaillierte Verhaltensempfehlungen zu geben. Aber wir lassen den Staat durch Briefe und entsprechende politische Aktionen wissen: „Wir beten für Sie. Wir beten, dass Sie Ihr Vertrauen nicht in Streitwagen und Reiter setzen; wir beten, dass Sie nicht intelligenten Bomben und Mittelstreckenraketen vertrauen. Diese Waffen werden nicht funktionieren. Nicht, weil sie nicht explodieren oder – manchmal – ihre Ziele nicht treffen würden. Vor allem werden Waffen keinen Frieden bringen. Sie werden statt dessen den Hass verherrlichen. Sie werden dem Land, das die Waffen einsetzt, sowie dem Land, das damit angegriffen wird, immenses Leid bescheren. Sie werden der Welt überhaupt immenses Unheil bringen. Setzen Sie also Ihr Vertrauen in Gott und machen Sie kehrt. Gebrauchen Sie Ihren Verstand und Ihre Fantasie, um Wege zu finden, mit Ihren Feinden Frieden zu schließen."

Indem wir mit Überraschungen rechnen

Für Christen ist es kein Problem, schwach zu sein. Das ist schließlich die Art von Leuten, mit denen Gott zusammenarbeiten will. Schauen wir uns Jesus an: In seinem gesamten Leben verfügte er über wenig Macht – doch bei den Mächtigen verursachte er großes Unbehagen. Und als die Herrscher Jesus ans Kreuz schlugen, verfügte Jesus über gar keine Macht. Seine Kräfte verließen ihn, denn er starb. Doch durch sein Sterben in allmächtiger Sanftmut veränderte er die Welt zum Guten. Nach Kreuz und Auferstehung sind die Dinge nie wieder so wie vorher. Nun können wir mit Bestimmtheit sagen: Cäsar (der Kreuzigende) ist nicht der Herr – Jesus (der Gekreuzigte) ist Herr. Das Opfer wird zum Sieger. Und das siegreiche Opfer verändert unsere Sicht der Macht.

So geht es quer durch die Geschichte. Die bedeutendsten Ereignisse erscheinen oft schwach und verdeckt. Lukas 3,1–2 listet die wichtigen Leute auf:

Es war im fünfzehnten Regierungsjahr des Kaisers Tiberius. Pontius Pilatus verwaltete als Gouverneur die Provinz Judäa; Herodes herrschte als Fürst über Galiläa, sein Bruder Philippus über Ituräa und Trachonitis, und Lysanias regierte in Abilene; Hannas und später Kaiphas waren die Hohenpriester. Da erreichte Gottes Auftrag Johannes, den Sohn des Zacharias, der in der Wüste lebte.

Wer ist hier eigentlich wichtig, wer ist hier bedeutend? Eine konventionelle Sichtweise würde sagen, die Herrscher, Könige, Gouverneure oder Hohenpriester. Der Evangeliumsschreiber Lukas verachtet diese Menschen nicht – er widmet ihnen einige Anmerkungen. Doch Johannes dem Täufer, dem haarigen Wüstenmenschen, widmet er ein ganzes Kapitel! Die Urchristen, am Rande und verfolgt, wussten, dass die Propheten bedeutender sind als politische Führer. Sie wussten, dass in der Geschichte, das, was wirklich von Bedeutung ist, meistens am Rande geschieht.

Heute wissen Christen in Kulturen des Friedens, dass sie eine Minderheit sein mögen – doch immerhin sind wir eine bedeutende Minderheit. Wir leben im Gehorsam gegenüber Gott und verachten das irregeleitete Vertrauen, das in Waffen gesetzt wird. Dabei dienen wir der übrigen Welt, die uns verschmäht. Wir erinnern den Rest der Welt daran, dass es einen anderen Weg gibt, einen Weg der Liebe, des Dienstes, der Demut, der Weisheit. Wir lernen, miteinander mit liebevoller, demütiger Weisheit umzugehen. Und wir lernen, auch unsere Feinde so zu behandeln.

Gott schenkt uns neue Ideen. Von Gott inspiriert, experimentieren wir mit neuen Denkweisen, Verhaltensweisen und Problemlösungen. Und was sagt Gott dazu? *Nicht durch die Macht eines Heeres und nicht durch menschliche Kraft gelingen, Nein, mein Geist wird es bewirken!* (Sacharja 4,6).

Indem wir dem Volk Gottes ein Gewissen sind

Christen aus Kulturen des Friedens können den übrigen Teilen der Kirche Christi ein Gewissen sein. Wir können dem Rest der christlichen Kirche ein Zeugnis sein. Friedenskirchliche Christen (Täufer, Mennoniten, *Church of the Brethren,* Quäker) sind längst nicht die gesamte Kirche. Wir haben nicht in allem recht, es gibt noch viel zu lernen. Doch Gott hat uns trotz Verfolgungen durchgebracht.

Das Überleben der Wiedertäufer im 16. Jahrhundert war wie ein Wunder. Die meisten Staatsvertreter und Kirchen waren darauf aus, die Bewegung und deren Führer auszulöschen. Aber sie überlebte. Und warum überlebte sie? Weil Gott der friedenskirchlichen Tradition etwas anvertraut hat, was sie beitragen kann; Gott hat ihr eine Stimme im christlichen Chor zugewiesen. Unsere Stimme ähnelt jener der Urgemeinde, der Kirche der ersten Jahrhunderte. Sie verfügte über wenig Macht, doch in bedeutender Weise bezeugen wir eine ähnliche Vision.

In den letzten Jahren haben die Mennoniten einen gewissen Eindruck hinterlassen. Sie haben Autoren mit weltweitem Einfluss hervorgebracht, darunter John Howard Yoder, Ronald J. Sider und Fernando Enns.[5] Das heißt längst nicht, dass wir den Ton angeben würden – wir sind eine Randerscheinung. Aber wir haben begonnen, andere Christen zu beeinflussen.

In England verbindet das Täufertum (die historische und theologische Bewegung, von der Mennoniten abstammen) heute Christen aus den verschiedensten Traditionen, die sich in einem Netzwerk zusammengeschlossen haben. Viele Christen fühlen sich von einer evangelikalen Tradition angezogen, die den Frieden im Kern des Evangeliums erkennt, die Menschen nicht zwingt, sich entweder für Evangelisation oder das Friedenstiften zu entscheiden. Führende englische Christen nennen sich daher heute „täuferische Baptisten" oder „täuferische Anglikaner".[6] In Zentralamerika gibt es Christen, die sich „pfingstlerische Täufer" nennen.[7] Diese Täufer mit Doppelnamen sind ein Zeichen des wachsenden Einflusses der Friedenskirchen in einer Zeit des Krieges.

Indem wir in Friedenszeiten über Krieg nachdenken

In den meisten Kirchen verbannen die Mitglieder zu Friedenszeiten jeden Gedanken über Krieg aus dem Kopf. Sie beginnen erst dann, über Krieg nachzudenken, wenn die ersten Kugeln bereits umherfliegen. Das ist eine äußerst schwierige Zeit, um einen klaren Kopf zu behalten. Wenn die Menschen verängstigt und zornig sind, die Fahnen wehen, wenn die Welt polarisiert ist zwischen Menschen, die entweder „auf unserer Seite stehen" oder gegen uns sind, zwischen Menschen, die entweder „gut" oder „schlecht" sind, dann ist es äußerst schwierig, Gottes Willen und sein Wort zu erkennen. In einer solchen Umgebung fällt es äußerst schwer, kreativ zu sein oder eine Position einzunehmen, die die meisten Menschen für komisch oder unpatriotisch halten würden. Und es fällt extrem leicht, sich vom Strom der Mehrheit mitreißen zu lassen.

Wenn unsere Gemeinden Kulturen des Frieden sein sollen, dann müssen wir über den Krieg nachdenken, ehe die Emotionen aufgeheizt sind und die Truppen bereitstehen. Wir müssen in Friedenszeiten über den Krieg nachdenken. Wir, die das Vorrecht genießen, Jünger Jesu zu sein, wir, die von dem, was die Bibel das Evangelium des Friedens nennt, bewegt und motiviert sind, müssen über die Fragen von Krieg und Frieden nachdenken, noch ehe Schüsse und Bomben fallen.

Warum müssen wir zu Friedenszeiten über den Krieg nachdenken? Zum Teil unseretwegen, damit wir treue Nachfolger dessen sein können, der sagte: „Folge mir nach." Und zum Teil wegen der anderen Christen, damit wir der christlichen Bewegung eine Quelle sein können.

Christen in Kulturen des Friedens sind keine unbeholfenen Deppen oder schrägen Typen. Wir sind Erbverwalter der frühesten christlichen Tradition; und wir haben das Vorrecht, sie mit allen Gläubigen zu teilen. Wir müssen uns die Sichtweisen anderer Christen anhören; sie werden uns viel über die verschiedensten wichtigen Fragen mitteilen. Aber wir haben auch etwas in den Ring zu werfen, das andere Christen auf die Zeit hinweist, wenn sie sich die ursprüngliche Vision der Kirche Christi neu zu eigen machen werden.

Lasst uns also über Krieg und Gewalt unterrichten. Lehren wir insbesondere junge Menschen in den Schulen. Wie gehen Christen mit Meinungsverschiedenheiten um? Wie kommen wir klar mit dem Streit und Stress, der uns täglich in der Schule oder am Arbeitsplatz begegnet? Durch Rollenspiele und Bibelstudium können wir jungen Leuten helfen, über die Gewalt in ihrem Leben nachzudenken und das Evangelium des Friedens auf ihre Lage anzuwenden, ebenso wie auf andere Lebensbereiche einschließlich Krieg. Das haben wir mit diesem Buch versucht: Wir wollen aufzeigen, dass sich das Evangelium des Friedens nicht nur auf den Krieg bezieht, sondern ebenfalls auf unser Gemeindeleben, unsere Gottesdienste, unsere Arbeit und unser Zeugnis.

Natürlich wissen wir alle, dass es nicht nur unsere Sicht auf Gewalt und die Lösung von Problemen gibt. Darum sollten wir junge Leute über Alternativen aufklären, die ebenfalls einer sorgfältigen und respektvollen Überprüfung würdig sind. Grob vereinfacht, hat es bei Christen über die Jahrhunderte vier Verständnisse von Krieg und Gewalt gegeben:[8]

1. Christliche Gewaltlosigkeit/Pazifismus: Dieses Buch baut auf diesem Ansatz auf; das ist die Sicht der Friedenskirchen.

2. Der gerechte Krieg: der offizielle Ansatz der meisten christlichen Kirchen.

3. Der Kreuzzug/heiliger Krieg: der Ansatz mancher Christen bei „Kreuzzügen". Er geht davon aus, dass Gott auf unserer Seite stehe und gegen niederträchtige Feinde alle Mittel erlaubt seien.

4. Der „Blankoscheck"/Realismus: die Annahme, der Staat sei besser informiert als wir und wir seien deshalb gehalten, seine Anweisungen auszuführen, auch wenn das Waffeneinsatz oder Angriffe auf Ziele bedeutet, die uns äußerst fragwürdig erscheinen.[9]

Es ist wichtig, dass wir alle diese Ansätze erläutern. Im Gespräch über den Krieg zu Friedenszeiten sehen wir uns auch die beiden letzten Ansätze an. Kreuzzüge lehnen wir entschieden ab, weil sie das Kreuz in diabolischer Art und Weise zur Rechtfertigung von Gewalt benutzt haben. In ihrem Kielwasser haben sie eine allzu verständliche Feindschaft gegenüber dem Evangelium Jesu Christi zurückgelassen, die nur äußerst mühevoll zu überwinden ist. Und den „Blankoscheck" lehnen wir ab, weil er Götzendienst bedeutet – er bekennt, dass „Cäsar der Herr" sei, weltliche Mächte das Sagen hätten.

8. Die Kultur des Friedens in Zeiten des Krieges

In Gemeinden, die Kulturen des Friedens werden, ist es jedoch unerlässlich, dass die ersten beiden Ansätze gelehrt werden. Christliche Gewaltlosigkeit/Pazifismus muss jeder Generation neu vermittelt werden. Diese Position gibt unser Verständnis des Evangeliums wieder und hilft uns, unsere Identität zu finden. Indem wir sie weitergeben, haben wir die Gelegenheit, einen ganz besonderen Beitrag für die Welt zu leisten. Dabei ist klar: Pazifismus/Gewaltlosigkeit findet in der Welt keine Unterstützung – weder durch Medien, durch Politiker, noch durch die Stammtische. Jesu Weg der Feindesliebe und des Friedensstiftens scheint befremdlich, aber wir halten ihn für den Weg zum Leben. So dachten die Christen der ersten 300 Jahre vor der Bekehrung des römischen Kaisers Konstantin.[10] Es ist unsere Berufung und Freude, dieser Vision treu zu bleiben.

Aber es ist ebenfalls wichtig, dass Friedenskirchen etwa Jugendlichen vom zweiten Ansatz – der Theorie vom gerechten Krieg – erzählen. Warum? Weil die meisten Christen diese Sichtweise vertreten. Wenn man ein wenig nachfragt, was es genau damit auf sich hat, bleiben zwar viele eine Antwort schuldig. Dennoch ist es wichtig, sich mit der Theorie des gerechten Krieges zu beschäftigen, um darüber ins Gespräch zu kommen.

In Gemeinden, die Kulturen des Friedens sind, können wir die Leute über die lange und ausführliche Geschichte des gerechten Krieges informieren. Wir können darauf hinweisen, dass diese Theorie etwa 350 Jahre nach Jesus entstand, als Christen versuchten, die aristokratische Elite des römischen Reiches für sich zu gewinnen. Nach und nach wurde diese Position von der katholischen Kirche übernommen und nach der Reformation ebenfalls von den protestantischen Kirchen.[11]

Die Täufer des 16. Jahrhunderts widersetzten sich diesem Ansatz. Doch auch wer aus der Tradition der Täufer stammt und den gerechten Krieg ebenfalls ablehnt, kann sich respektvoll mit denen unterhalten, die diese Position vertreten. Den Urhebern der Theorie vom gerechten Krieg ging es nicht um die Rechtfertigung von Krieg. Sie wollten vielmehr klären, unter welchen Umständen

Christen zurecht von der christlichen Norm des Friedens abweichen dürfen. Die Lehre vom gerechten Krieg ist also ein Werkzeug, um Kriege zu bewerten. Und sie geht davon aus, dass Christen sich nur dann an einem Krieg beteiligen dürfen, sofern dieser Krieg gewisse Bedingungen erfüllt. Ist das nicht der Fall, ist dieser Krieg ungerecht und jegliche Mitwirkung sündhaft.

In Anhang 2 (Seite 190) führen wir die Kriterien für einen gerechten Krieg ausführlich auf. Kurz zusammengefasst gilt ein Krieg nur dann als gerecht, wenn:

- es einen *rechtmäßigen Grund* gibt: Der Krieg wird von einer legitimierten Staatsmacht als Erwiderung auf einen eindeutigen Verstoß gegen das Recht erklärt, in hehrer Absicht, als allerletztes Mittel und mit Aussicht auf Erfolg.

- er mit *angemessenen Mitteln* geführt wird: Es gibt kein absichtliches Töten von Zivilisten und der entstehende Schaden bleibt in einem gewissen Rahmen. Der Krieg darf also keine größeren Schäden verursachen als jene, die durch das ursprüngliche Unrecht verursacht worden sind.[12]

Das sind natürlich Ermessensentscheidungen und Christen haben häufig darüber gestritten, woran die sich festzumachen haben. Die Lehre vom gerechten Krieg hat Gutes bewirkt. Sie hat zu einer internationalen Gesetzgebung zum Verhalten im Krieg geführt. In den letzten Jahren hat das Soldaten vorsichtiger werden lassen, was das Töten von Zivilisten angeht.

Die Kriterien des gerechten Krieges haben auch dafür gesorgt, dass nichtpazifistische Christen die jüngsten Kriege – wie den Vietnamkrieg und die US-Invasion im Irak – als ungerecht eingestuft haben. Diese Christen werden „selektive Pazifisten" genannt.[13]

Andere Christen, die der Anwendung von Gewalt unter bestimmten Umständen zustimmen würden, sind erschüttert von der Vorstellung, dass Christen bereit sind, Massenvernichtungswaffen wie Atomwaffen zu positionieren und einzusetzen. Diese Christen nennt man „Atompazifisten".[14]

Christliche Pazifisten und gewissenhafte Vertreter der Theorie vom gerechten Krieg können also oftmals zusammenarbeiten. Darüber hinaus ist die Sichtweise des gerechten Krieges unter Christen dermaßen verbreitet, dass Gläubige jeglicher Überzeugung Bescheid wissen sollten, um sich qualifiziert darüber unterhalten zu können.[15] Christen aus Kulturen des Friedens werden niemals alle Antworten auf Krieg und Gewalt haben. Aber wir können etwas bewirken, wenn wir tun, was viele Christen unterlassen: uns in Friedenszeiten mit dem Krieg beschäftigen.

Darüber hinaus müssen Christen aus Kulturen des Friedens mehr tun, als nur gegen den Krieg zu sein. Sie müssen aktiv für den Frieden arbeiten. Der baptistische Ethiker Glen Stassen hat festgestellt, dass Christen in der Diskussion über den Krieg oftmals darüber debattieren, ob es grundsätzlich zu vertreten sei, dass Nachfolger Jesu, im Interesse der Gerechtigkeit, Gewalt anwenden. Manche Christen argumentieren dann, dass Gläubige niemals töten dürften, egal unter welchen Umständen. Andere räumen ein, dass Christen trotz aller Bedenken gelegentlich zur Gewalt greifen müssten, vorausgesetzt, dass der Rahmen genau abgesteckt sei. Beide Seiten gehen dabei allerdings davon aus, *dass* es Kriege geben wird und dass die entscheidende Frage die ist, inwieweit sich Christen persönlich daran beteiligen können. Natürlich ist das eine wichtige Debatte.

Doch die eigentliche Frage ist viel umfassender, meint Stassen: Wie arbeiten wir gemeinsam mit Gott für den Frieden? Welche alternativen Handlungsweisen entwickeln wir, mit welchen neuen Ansätzen experimentieren wir, um in dieser gewalttätigen Welt voranzukommen? Stassen, der Teil einer Gruppe von Theologen aus Friedenskirchen und jenen, die den gerechten Krieg vertreten, ist, fordert uns auf, uns am „gerechten Friedensstiften" zu beteiligen. Es besteht aus zehn Schritten, die alle Christen – unabhängig davon, ob sie bereit wären, Gewalt anzuwenden oder nicht – gehen können, um Frieden statt Krieg zu schaffen. Einige Schritte sind: 1. Konflikte gemeinsam lösen. 2. Unabhängige verwandelnde Initiativen suchen, und mit denen zu reden und zu verhandeln, die wir als Feinde wahrnehmen. 3. Sich für Demokratie, Menschenrechte und Religionsfreiheit einsetzen. 4. Eine gerechte und nachhaltige wirtschaftliche Entwicklung fördern. 5. Konkret gewaltfreies Handeln unterstützen. 6. Die eigene Mitverantwortung für Auseinandersetzungen und Ungerechtigkeit anerkennen und sich um Buße und Vergebung bemühen.

Glen Stassen sagt nicht, dass diese Schritte Kriege abschaffen könnten. Aber er weist darauf hin, dass sie in der jüngsten Geschichte tatsächlich bestimmte Kriege verhindert haben. Sie „verändern in kleinen Etappen die Art und Weise, wie Staaten miteinander umgehen". Diese praktischen Schritte ersetzen nicht die Debatte über den Krieg. Doch weil sie sehr wahrscheinlich den Weg zum Frieden weisen, sollten christliche Kulturen des Friedens sie unterstützen.[16]

Indem wir Fragen stellen

In der gegenwärtigen globalen Krise gibt es einen „Krieg gegen den Terrorismus" ohne ein Ende in Sicht. Es gibt auch ernsthafte Spannungen zwischen der islamischen Welt und dem Westen. Viele Leute meinen, sie hätten die Antworten auf diese Krise. Wir in den Kirchen, die Kulturen des Friedens werden, haben ebenfalls unsere Überzeugungen. Aber es könnte weniger wichtig sein, diese Überzeugungen zu behaupten, als vielmehr Fragen zu stellen – Fragen, die klarmachen, dass wir versuchen, Gottes Wort für unsere Zeit zu vernehmen. Zwei Fragen scheinen dabei besonders wichtig: Was sagen unsere „Feinde"? Und was tut Gott?

Was sagen unsere „Feinde"? Jesus sagt zu seinen Jüngern: *Aber euch, die ihr hört, sage ich: Liebt eure Feinde* (Lukas 6,27; Elberfelder). Jesus geht offenbar davon aus, dass nur einige Menschen auf ihn hören, wenn er sagt: „Liebt eure Feinde". Seine Lehre wird vielen merkwürdig vorkommen. Und Jesus wusste, dass Feinde zu lieben heißt, ihnen zuzuhören. In Kapitel 4 ging es darum, dass wir in unseren Gemeinden lernen, „die Wahrheit in Liebe" auszusprechen, und dass das beinhaltet, zu lernen, neben dem Reden die

Sicht des anderen wahrzunehmen. Die „doppelte Sicht", lernen, aus der Position des anderen zu sehen.

Menschen zuzuhören, die anders sind als wir, lernen wir Christen in den Kulturen des Friedens und wollen wir in der Welt überhaupt praktizieren. Wir wollen den säkularen und christlichen „Realisten" zuhören, die die „Friedensstifter" für weltfremd halten. Auch deshalb ist es wichtig, sich mit der Theorie des gerechten Krieges vertraut zu machen.

Wir werden auch auf die Feinde unseres Landes hören. Wie können US-Amerikaner auf Iraker hören, Israelis auf Palästinenser, und Russen auf Tschetschenen? Vielleicht haben die Amerikaner an dieser Stelle ein besonderes Problem. Peter Price, ein anglikanischer Bischof in England, meinte einmal: „Amerikaner hören nicht zu." Stimmt das? Wie ist es mit den Bürgern anderer Länder – hören sie zu? Ungeachtet unserer Nationalität ruft uns Jesus auf, zu tun, was andere unterlassen: unsere Feinde zu lieben. Wen wir lieben, dem hören wir auch zu.

Und was tut Gott? Wo wirkt Gott in Situationen, in denen Polarisierung, Feindschaft und Krieg vorherrschen? Im ersten Kapitel haben wir uns damit beschäftigt, wie er in den Tagen Jesu innerhalb der römischen Besatzungsmacht wirkte – in der Person des Feindes, des heidnischen Soldaten Kornelius. Gott schuf ein neues Volk, indem er wie durch ein Wunder den galiläischen Juden Petrus aufforderte, dem feindlichen heidnischen Hauptmann Kornelius einen Platz in seiner Welt zu verschaffen. Petrus musste herausfinden, ob hinter dieser unerwarteten Verbindung wirklich Gott stand – und auch die Leiter der Jerusalemer Gemeinde wollten genau das wissen.

Wir können heute davon ausgehen, dass Gott sowohl unter unseren Feinden wie auch unter uns wirkt und sie wie auch uns auf Versöhnungswerke vorbereitet, die jeden überraschen werden. Wo sind heute die Petrusse und Korneliusse? Wo werden unbemerkt unerwartete Verbindungen hergestellt? Diese Regungen in Einzelnen und überraschenden Verbindungen sind Anzeichen göttlichen

Wirkens. Sie weisen auf Gottes Ziel hin, alles durch Christus mit Gott zu versöhnen (Kolosser 1,20).

Indem wir Hoffnung bieten

In vielen Teilen der Welt ist Hoffnung heute ein knappes Gut. Vielleicht ist das besonders im Westen der Fall. Bischof Lesslie Newbigin war ein schottischer Missionar, der lange in der Kirche Südindiens diente. Nach 40 Jahren in Indien kehrte er in den 1970er Jahren zurück und wurde Pastor einer kleinen reformierten Gemeinde in Birmingham. Newbigin berichtet, dass er oft gefragt wurde: „Was war für Sie das Schwerste beim Umzug von Indien nach England?" Seine Antwort lautete: „Das Verschwinden der Hoffnung."[17]

Heute weist die westliche Zivilisation gewaltige Kontraste auf. Es gibt einen noch nie dagewesenen Wohlstand, eine nie dagewesene Bequemlichkeit, Sicherheit und Absicherung gegen Tod und Krankheit. Zugleich gibt es aber auch Angst und Hoffnungslosigkeit. Jesus hat längst vorhergesagt: *Wenn jemand auch noch soviel Geld hat, das Leben kann er sich damit nicht kaufen* (Lukas 12,15).

In unserer hoffnungslosen Welt, die bei der Jagd nach Sicherheit und Glück Geld wie verrückt ausgibt, haben christliche Kulturen des Friedens wenig Macht. Aber wir haben Hoffnung. Keine Hoffnung auf Erfolg, Reichtum oder unsere Fähigkeit, die Welt auf den Kopf zu stellen. Es ist die Hoffnung auf einen Gott, der alles *unter der Herrschaft Christi zusammenfassen wird* (Epheser 1,10).

Unsere Hoffnung ist nicht die Gewissheit, dass es kein Leid und keine Tragödien mehr gebe. Sie liefert keine Garantie dafür, dass US-Amerikaner oder Kanadier weiterhin in Sicherheit und in gewaltigem Wohlstand so ganz anders leben werden als der Rest der Welt. Unsere Hoffnung besteht darin, dass Gott auch inmitten von Kampf und Leiden wirkt. Das belegt das Leben Einzelner, wie Margarita, denen Gott nachgelaufen ist, denen er vergeben hat und die er von Sünde und Verfall erlöst hat (Seite 47). Er hat ihnen Frieden und ein neues Leben in Einheit geschenkt (Epheser 4,3).

Menschen wie Petrus und Kornelius, Feinde, die Gott durch sein großzügiges Werk versöhnt hat, weisen ebenfalls auf das Wirken Gottes hin. Wir sind uns bewusst, dass Gottes Wirken selten in die Schlagzeilen kommt. Aber Gott wirkt am Rande, zögerlich, doch beständig. Das zahlenmäßige und geistliche Wachstum der weltweiten christlichen Kirche inmitten von Leid und Verfolgung ist ein weiterer Beleg für das göttliche Wirken.

Wir hegen ebenfalls die biblische Hoffnung, dass Gott seine Mission zu Ende führen wird. Gottes Reich wird kommen, Gottes Wille wird geschehen. Jesaja 11,6 stellt uns das Traumbild einer völlig unmöglichen Versöhnung dar: *Dann werden Wolf und Lamm friedlich beieinander wohnen, der Leopard wird beim Ziegenböckchen liegen* [und] ... *ein kleiner Junge kann sie hüten.* Die Vorstellungen von Jesaja 19,25 kommen einem nicht weniger unmöglich vor: *Ich segne euch Ägypter, ihr seid mein Volk! Ich segne auch euch Assyrer; ich habe euch geschaffen. Und ich segne euch Israeliten; ihr gehört zu mir.* Und natürlich gipfelt das Neue Testament in der Vorstellung einer gewaltigen Schar *aus allen Nationen, Stämmen und Völkern,* die vor dem Thron und dem Lamm betet (Offenbarung 7,9). Eine kosmische Aussöhnung ist der Endpunkt der Geschichte.

Christen aus Friedenskirchen werden die gelegentlichen Anzeichen aus der politischen Welt auffallen, die darauf hinweisen, dass Gott handelt. Wir erinnern uns an den gewaltfreien Fall der Berliner Mauer. Wir entsinnen uns des Endes der südafrikanischen Apartheid ohne Krieg. Wir rufen das Ende der repressiven philippinischen Diktatur des Ferdinand Marcos ohne Panzerbeschuss in Erinnerung. Wir machen uns die Verwandlung von Beziehungen bewusst, die manche Juden und Palästinenser, irische Protestanten und Katholiken, Serben und Bosnier und andere an anderen Orten zu der Erkenntnis geführt haben, dass sie friedliche Nachbarn sein können – wenngleich die Auseinandersetzungen in ihren Ländern noch nicht zu Ende sind.

In diesen unverhofften Geschehnissen erkennen wir Anzeichen der göttlichen Gnade und des göttlichen Willens für die gesamte

Menschheit. Und wir preisen Gott, danken ihm für diese wundervollen Taten und bringen unseren Glauben zum Ausdruck, dass die Tumulte dieser Welt die Geburtswehen der kommenden Schöpfung sind, wenn alle Menschen wissen werden, *dass sie zusammen mit den Kindern Gottes einmal von Tod und Vergänglichkeit erlöst und zu einem neuen, herrlichen Leben befreit werden* (Römer 8,21).

Anmerkungen

1. Alan Kreider, „Christ, Culture, and Truth-Telling", *Conrad Grebel Review*, 15.3 (1997), 207–208.
2. Shet Sonwani, Bericht an den Rat für Frieden der Mennonitischen Weltkonferenz, Bihar Mennonite Mandali, 24. Oktober 2002.
3. Ronald J. Sider, *Completely Pro-Life – Building a Consistent Stance* (Downers Grove, IL, InterVarsity Press, 1987); Joseph Cardinal Bernardin, *Consistent Ethic of Life* (Kansas City, Sheed & Ward, 1988); Jim Wallis, *Wer, wenn nicht wir?* (Brendow Verlag, Moers 2007); Darrin W. Belousek, „Toward a Consistent Ethic of Life in Peace Church Perspective", *Mennonite Quarterly Review*, 79 (2005), 439–480.
4. Intercourse, PA, Good Books, 2003.
5. Herausragende Werke mennonitischer Autoren sind u. a.: John Howard Yoder, *Die Politik Jesu – Der Weg des Kreuzes* (Agape Verlag, Maxdorf 1981); Ronald J. Sider, *Der Weg durchs Nadelöhr* (Aussaat Verlag, Wuppertal ³1981); sowie vom Initiator der ÖRK-Dekade zur Überwindung von Gewalt, Fernando Enns, *Friedenskirche in der Ökumene – Mennonitische Wurzeln einer Ethik der Gewaltfreiheit* (Vandenhoeck & Ruprecht, Göttingen 2003).
6. Alan Kreider und Stuart Murray (Hrsg.), *Coming Home – Stories of Anabaptists in Britain and Ireland* (Kitchener, ON, Pandora Press, 2000).
7. Juan Fancisco Martinez, „Latin American Anabaptist-Mennonites – A Profile", in: *Mennonite Quarterly Review*, 74.3 (2000), 474n. Martinez fügt hinzu: „Oftmals haben Leute wie etwa ‚pfingstliche Täufer' ... eine eindeutiger ‚täuferische Sicht' als viele Mennoniten."

8. Die Kultur des Friedens in Zeiten des Krieges 161

8   Roland H. Bainton, *Christian Attitudes toward War and Peace – A Historical Survey and Critical Re-Evaluation* (Nashville, Abingdon, 1960).

9   Zur Entstehung des Begriffs „Blankoscheck" siehe John H. Yoder, *Christian Attitudes Toward War, Peace and Revolution – A Companion to Bainton* (Elkhart, IN, Co-Op Bookstore, 1983), 82.

10 Alan Kreider, „Military Service in the Church Orders", in: *Journal of Religious Ethics,* 31.3 (2003), 415–442.

11 Bainton, *Christian Attitudes,* Kapitel 6.

12 Diese Kriterien, wie in Anhang 2, stehen im Pastoralbrief der katholischen Bischöfe der USA von 1983, *The Challenge of Peace* (in: Murnion, *Catholics and Nuclear War*). Sie ähneln jedoch stark den Stellungnahmen protestantischer Christen, z. B. des Philosophen Arthur F. Holmes, Wheaton College: „A Just War – Defining Some Key Issues", in: Oliver Barclay (Hrsg.), *Pacifism and War – When Christians Disagree* (Leicester, UK, Inter-Varsity Press, 1984), 27–30. Die Lehre vom gerechten Krieg ist eine christliche Tradition, die die meisten Katholiken und Protestanten vereint.

13 Stellungnahmen aus der Zeit des Vietnam-Kriegs befinden sich bei James E. Finn (Hrsg.), *Conflict of Loyalties – The Case for Selective Conscientious Objection* (Nashville, Abingdon Press, 1971); aus der Zeit des Irak-Kriegs: „Selective Conscientious Objection – History, Theology and Practice", in: *The Sign of Peace,* 4.2 (Spring, 2005), 16–21. Siehe ebenfalls aus dem lateinamerikanischen Bereich, C. Rene Padilla und Lindy Scott, „The War in Iraq – How Just Was This War?" in: *Terrorism and the War in Iraq – A Christian Word from Latin America* (Buenos Aires, Argentina, Kairos Ediciones, 2004), Kapitel 2.

14 Der anerkannte evangelikale Theologe John Stott gehört zu den Christen, die sich als Atompazifisten verstehen, „weil strategische Atomwaffen völlig wahllose Auswirkungen haben, ... sind sie moralisch nicht zu verteidigen. ... Jeder Christ, ob er die Möglichkeit eines gerechten Kriegs einräumt oder nicht, muss ein Atompazifist sein" (*Christianity Today,* 8. Februar 1980). (Eine differenziertere Beschreibung seiner Haltung findet sich bei Stott, *Issues Facing Christians Today* [London, Collins, 1990], Kapitel 5, „The Nuclear Threat".) Derselben Meinung ist der Philosoph Arthur F. Holmes, Wheaton College: „Die vollständige atomare Abstinenz, meistens als ‚Atompazifismus' bezeichnet, ist [in Anbetracht der Wahrscheinlichkeit, dass solche Waffen gegen Städte mit vielen Zivilisten eingesetzt

werden] die einzige folgerichtige Haltung in Bezug auf den gerechten Krieg" („A Just War," 31).

15 John Howard Yoder, *When War is Unjust – Being Honest in Just-War Thinking* (Maryknoll, NY, Orbis Books, 1996).

16 Glen H. Stassen, *Just Peacemaking – Transforming Initiatives for Justice and Peace* (Cleveland, Pilgrim Press, 1998), vor allem Seite 29.

17 Lesslie Newbigin, *The Other Side of 1984 – Questions for the Churches* (Geneva, World Council of Churches, 1983), 1.

9. Die Kultur des Friedens und Evangelisation:

Die Hoffnung in Jesus Christus anbieten

Christliche Gemeinden als „Kulturen des Friedens" – das hört sich gut an. Das Evangelium des Friedens ist eine sinnvolle Deutung der Bibel sowie der Lehre und des Wirkens Jesu. Ihre Bedeutung für das Verhalten Einzelner und von Gruppen im Streitfall liegt auf der Hand. Ihr Beitrag zu der Art, wie Menschen sich in ihrem Beruf verhalten, ist offenkundig. Doch ein quälender Zweifel bleibt zurück: Kann eine Gemeinde, die zu einer Kultur des Friedens wird, wachsen?

In der Zeit nach dem 11. September scheint es endlos Krieg zu geben. In den westlichen Medien scheint es unnatürlich zu sein, über Frieden zu berichten. Das Gleiche gilt in anderen Kulturen. Ein ganz normaler Amerikaner, Äthiopier oder Indonesier wird Frieden als wunderschön, aber unrealistisch empfinden, und deswegen als etwas verwirrend: zutiefst ersehnt, aber unerreichbar.

Deshalb stellen wir uns die Frage: Werden Gemeinden, die Kulturen des Friedens sein wollen, sich zu kleinen Enklaven von Idealisten entwickeln, die ewig ineffektiv und irrelevant sind?

Während andere Gemeinden neue Mitglieder anziehen und wachsen, werden Gemeinden, die Kulturen des Friedens werden wollen, stagnieren, weil sie den Erfahrungen und Werten der Menschen zuwiderlaufen, die zum Glauben finden könnten?

Werden wir zu Stolpersteinen für potentielle Christen, wenn wir den Frieden betonen?

Oder ist auch das Gegenteil denkbar? Ist der Friede tatsächlich eine „gute Nachricht" – so wie es Petrus gegenüber Kornelius in Apostelgeschichte 10 ausdrückt? Wir glauben, dass das stimmt. Wir glauben, dass Jesus Christus und sein Friede gute Nachricht sind. Wir glauben, dass Gott wirkt und Frieden in vielfältigen Dimensionen schenkt, wenn Kirchen das Evangelium des Friedens verkünden und sich bemühen, es in allen Lebensbereichen anzuwenden. Wir glauben ferner, dass Gott es als einen Weg benutzt, um Menschen anzuziehen, Jesus Christus zu lieben und ihm nachzufolgen, wenn Gemeinden die Friedensfrage ernstnehmen.

Das Evangelium des Friedens bringt „Frieden mit Gott"

Gottes *Schalom* ist groß und umfassend. Der Friede ist sowohl individuell wie zwischenmenschlich. Menschen, die in ungeordneten Verhältnissen leben und gegen Gott aufbegehren, befinden sich in einer zutiefst misslichen Lage. Sie sind von der Sünde gefangen. Und Gott ruft sie zum neuen Leben in Christus auf. Gott vergibt ihnen ihre Sünden. Gott sprengt die Ketten von Abhängigkeit und Sucht. Gott erlöst sie und sie erleben *Friede mit Gott* (Römer 5,1).

Erinnern wir uns an Margarita, der wir bereits in Kapitel 3 begegneten (Seite 42). Nachdem sie Jesus in ihr Herz geschlossen hatte, „hat sich ihr ganzes Leben zum Besseren hin verändert, sowohl für sie als auch für ihre Nachbarn. Die Nachbarn konnten die Veränderungen in ihrem Leben kaum fassen." Einst war Margarita eine gewalttätige, unerwünschte Nachbarin gewesen, doch nun kennt sie den Frieden Gottes.[1] In der Gemeinde und Nachbarschaft herrscht Freude. Und Jesus teilt uns mit: *So wird man sich auch im Himmel freuen über einen Sünder, der zu Gott umkehrt* (Lukas 15,7).

9. Die Kultur des Friedens und Evangelisation

Alle, die zu neuem Leben finden, begeben sich auf eine Reise. Jesus Christus, der Friedefürst, ist ihr Reisebegleiter. Jesus verspricht, uns niemals zu verlassen (Matthäus 28,20; Hebräer 13,5). Er verheißt, uns in alle Wahrheit zu führen. Er wird uns begleiten, während er uns neue Wahrheiten über die vielen Facetten des göttlichen *Schalom* offenbart.

Beginnt jeder Neubekehrte die Reise mit dem gesamten „*Schalom*-Paket" im Gepäck? Das ist eher unwahrscheinlich. Verfügen neue Christen über etwas, das auch für „altgediente" Christen von unendlichem Wert ist? Ganz gewiss: Sie haben die frische Erfahrung der göttlichen Annahme gemacht. Folglich können sie den Glauben frisch und unbekümmert weitersagen. Diese Glaubensfrische ist für das Leben jeder Gemeinde von unermesslichem Wert.

Während der Glaube eines Neubekehrten dann heranreift, kann er andere Aspekte des friedensstiftenden Lebens entdecken, die wir in diesem Buch beschreiben: die leidenschaftliche Verpflichtung zum *Schalom,* der einem ganzen Volk Gerechtigkeit und Ganzheit beschert, vor allem denen, die ungerecht behandelt worden sind; Vergebung und Versöhnung innerhalb der Gemeinde, mit Fertigkeiten und Haltungen, die sich auf das ganze Leben auswirken; Friedenstiften am Arbeitsplatz, wo Christen neue Ideen, Erfahrung und Hoffnung vermitteln, unerwartete Lösungen für scheinbar unlösbare Probleme.

Ein neuer Christ wird sich einer Gemeinschaft anschließen, in der sich auch ältere Christen mit dem gesamten „*Schalom*-Paket" herumschlagen. Als Friedensstifter sind wir alle gesegnet (Matthäus 5,9), aber keiner von uns ist darin vollkommen. Darum befinden wir uns alle auf einer Reise, auf der wir *von seinem Geist verändert werden, damit wir ihm immer ähnlicher werden* (2. Korinther 3,18).

Lasst uns also Menschen herzlich in die Gemeinschaft der Friedensstifter, die Kirche Jesu Christi, aufnehmen. Lasst uns die Friedensstifter der Gemeinde schätzen, die über die Gabe der

Evangelisation verfügen und somit wie Hebammen Geburtshelfer für neues Leben sind.

Und lasst uns die Menschen so aufnehmen, wie sie sind; so, wie sie zu Christus hingezogen werden. Und wenn es sich dabei um Soldaten handelt? Manche Gemeinden beschäftigen sich mit genau dieser Frage und suchen nach einem angemessenen Verhalten. Ein faszinierendes Beispiel stammt aus dem Küstengebiet von Virginia/USA. Hier gibt es fast die größte Dichte an Militärstützpunkten der gesamten USA. Und hier befinden sich eine Reihe von Mennonitengemeinden. Wie sollen diese Gemeinden, in denen Gott wirkt und die bemüht sind, Kulturen des Friedens zu sein, auf Militärangehörige reagieren, die sich von ihnen angezogen fühlen? Wie geht man damit um, wenn anscheinend nur das Militär verlässliche Arbeitsstellen in der Region zu bieten hat?

Gemeinsam mit dem regionalen Gemeindeverband von Virginia haben diese Gemeinden etwa fünf Jahr lang darüber nachgedacht. Schließlich kamen sie überein, Soldaten im Dienst als Mitglieder aufzunehmen, die „eine zunehmende Unverträglichkeit zwischen militärischen Unternehmungen und dem Evangelium des Friedens empfinden". Die Hoffnung ist, dass sie „sich der Friedenslehre Jesu unterwerfen, einschließlich des Befehls, Feinde zu lieben und keinen Menschen zu töten". Kürzlich haben diese Gemeinden einen ehemaligen Soldaten damit beauftragt, ein Programm zu entwickeln, das „Alternativen zur militärischen Karriere" bereit hält.[2] In dieser missionarischen Lage ähnelt das Verhalten der Gemeinden Virginias dem der Urgemeinde. Auch damals fühlten sich Soldaten vom Leben Christi angezogen; im dritten Jahrhundert nahmen die christlichen Leiter Roms sie in den katechetischen Unterricht auf. Dort wurden sie in der Führung eines christlichen Lebens unterrichtet und auf die Taufe vorbereitet. Das Töten wurde ihnen allerdings untersagt.[3]

Obwohl die heutigen Friedenskirchen – wie die Urkirche damals – dem Töten und Krieg eine Abfuhr erteilen, redet die Gemeinde, die eine Kultur des Friedens wird, nicht ununterbrochen von Krieg. Während ihre Glieder den Weg des Glaubens gehen, erforschen sie die vielfältigen Dimensionen des *Schalom*. Alle Christen, vom Jüngsten bis zum Ältesten, haben viel zu lernen und freuen sich über neue Entdeckungen.

Mitglieder von Friedenskirchen sind Menschen, die durch Gnade errettet wurden und die in Christus die Fülle des Lebens entdeckt haben. Das am häufigsten gebrauchte Wort heißt bei ihnen nicht „Nein", sondern „Ja" (2. Korinther 1,19–20). Sie sind von Glaube, Hoffnung, Verpflichtung zur Gerechtigkeit, konstruktiver Fantasie, resoluter Erwartung und Liebe erfüllt. Friedenskirchen sind attraktiv.

Das Evangelium des Friedens schafft ein erfülltes Leben

Quer durch dieses Buch haben wir unsere Überzeugung zum Ausdruck gebracht, dass Menschen zum Leben erweckt werden, wenn das Evangelium des Friedens verkündigt, geglaubt und auf alle Lebensbereiche angewandt wird. Gott befreit Menschen von Sünde und Unterdrückung. Gott gibt ihnen neue Gedanken und verwandelt ihr Leben. In vielen Lebensbereichen entdecken Menschen, dass Jesus der Friedensstifter gekommen ist, um Leben zu bringen, *und dies im Überfluss* (Johannes 10,10). Das zieht die Menschen an.

Arbeit

Gott öffnet das Tor zu Ideenreichtum und *Schalom* in der Berufswelt. Das ist einer der Gründe, weshalb die Urgemeinde trotz aller Verfolgung wuchs: Das Evangelium Jesu Christi verwandelte das Arbeitsleben der Menschen. Hören wir uns den römischen Lehrer Justinus an, der im Jahr 165 aufgrund seines Glaubens von den kaiserlichen Mächten umgebracht wurde. In einem Brief an den Kaiser schreibt Justinus:

> „Viele, die einmal auf Ihrer Seite standen, haben dem Weg von Gewalt und Tyrannei den Rücken gekehrt. Überzeugt wurden sie durch das konsequente Leben ihrer Nachbarn. Sie bemerkten die auffällige Geduld ihrer verwundeten Bekannten oder die Art und Weise, wie sie miteinander Geschäfte abwickelten" (Erste Apologie 16).

Die ersten Christen tätigten ihre Geschäfte in einer besonderen Art und Weise, die gerecht, geduldig und friedlich war. Justinus zufolge führte dies dazu, dass „viele" Christen wurden. Auch friedenstiftende Christen in der heutigen Geschäftswelt erfahren, wie Menschen aufgrund eines geschäftlichen Umgangs, der *Schalom* stiftet, zum Glauben kommen.

Engagement vor Ort

Friedenstiftende Christen können auf unerwartete Art und Weise auf nachbarliche Spannungen reagieren. In Boulder, Colorado, gibt es eine Gegend, „der Hügel", wo es immer wieder soziale Proteste und Ausschreitungen gibt. Eine der Kleingruppen einer örtlichen Gemeinde beschloss deshalb, etwas Ungewöhnliches zu unternehmen. Als wieder einmal ein Streit drohte, sich zu einem Aufstand zu verschärfen, gingen diese Leute auf den Hügel und servierten den drohenden „Regenbogenkindern" leckere gefüllte Tortillas.

Ein anderes Mal, als das Chaos kochte und die Polizei bereits bewaffnet und in voller Montur angerückt war, gingen auch einige Gemeindeglieder auf die Straße und unterhielten sich mit Schülern, Ladeninhabern und Polizisten. Ihre Pastorin, Marilyn Miller, „erkundigte sich bei der Polizei nach ihrer Einschätzung der Lage. ... Die Polizei wusste, aus welcher Kirche diese Leute stammten, und es ergab sich ein großartiges Gespräch." Durch ihr Dasein und ihre Vision hatte diese Gemeinde einer Stadt geholfen, gewaltfreie Lösungen für Konflikte zu finden.[4]

Das sind Beispiele für das *schalom* stiftende Wirken einer Friedensgemeinde vor Ort. Aber es gibt noch viele mehr: Initiativen zur Sanierung zerstörter Häuser, Nachhilfeunterricht in Schulen oder die Teilnahme an nachbarschaftlichen Zusammenschlüssen sind alles Versuche, zum *Schalom* und Wohl der Stadt beizutragen (Jeremia 29,7).[5] So etwas zieht die Menschen an.

Friedenstiftende Fertigkeiten und Erfahrungen

In den vergangenen 2 000 Jahren haben christliche Kirchen jede Menge Streitigkeiten ausgetragen und Außenstehende waren vom destruktiven Umgang der Christen mit Konflikten oftmals abgestoßen. Doch heute wachsen Christen in die Aufgabe des praktischen Friedensstiftens hinein. Wie bereits in Kapitel 5 beschrieben, lernen sie die Fertigkeiten und Haltungen des Friedensstiftens. Das kann ihr Leben anziehend und ansteckend machen.

Mit Hilfe christlicher Mediatoren haben manche Gemeinden, die Bruch und Trennung erfahren haben, Versöhnung erlebt. Sie können bezeugen: „Jawohl, wir haben zerbrochene Beziehungen und üblen Streit erlebt. Doch Jesus Christus lebt und er kann Wunder vollbringen. Er hat unsere Gemeinschaft geheilt, indem er uns beibrachte, wie man gut miteinander streitet. Christus ist der Versöhner. Wollen Sie das in Ihrem eigenen Leben erfahren?"

Diese Erfahrung des Friedensstiftens sowie die Entwicklung von entsprechenden Fähigkeiten und Einstellungen können zu einem ganzheitlichen und echten Leben führen, von dem Menschen sich außerordentlich angezogen fühlen. Pfarrer Robert Warren war in der anglikanischen Kirche Englands einige Jahre lang verantwortlich für Evangelisation und gilt nach wie vor als Autorität auf diesem Gebiet. Im Laufe der Jahre ist ihm immer deutlicher geworden, dass Authentizität und praktisches Friedenstiften zum Kern von Gemeindewachstum gehören:

> „Trotz der Mächte, die anscheinend zur Marginalisierung der Kirche beigetragen haben, stehen wir vor einer großartigen neuen Chance, unserer Kultur die gute Nachricht Christi mitzuteilen durch die Weise, wie wir diese Wahrheit als Ortsgemeinde leben. ... In unserer Gesellschaft gibt es ein Verlangen, das dem Gemeindeleben eine herausragende Bedeutung verleihen könnte. ... Viele lechzen nach Beziehungen. ... Die Menschen sehnen sich nach Vorbildern. ... Die Menschen wollen sehen, ob es funktioniert. Die Gemeinde ist aufgerufen, als Pilotprojekt für die neue von Christus geschaffene Menschlichkeit zu fungieren. ... Nicht zuletzt sucht die Welt nach Modellen, mit Konflikten umzugehen. ... Streit in der Gemeinde kann als Ablenkung von den eigentlichen Aufga-

ben verstanden werden – doch genau *das ist die eigentliche Aufgabe*. Wenn sich Leute einer solchen Gemeinde nähern, werden sie instinktiv wissen, wie echt deren Beziehungen sind."[6]

Die Kultur des Friedens verkörpert
Schalom „vor den Augen der Welt"

Natürlich leben Gemeinden, die Kulturen des Friedens werden, die Vision des *Schalom* nicht in vollendeter Form. Sie sind von Sünde beschädigt und sie leben ihre Vision nur bruchstückhaft. Darum müssen sie stets bescheiden und bußfertig sein. Nichtsdestotrotz hat die Gemeinde eine außerordentliche Berufung. Jesus sagte von seinen versammelten Jüngern: *Ihr seid das Licht, das die Welt erhellt. Eine Stadt, die hoch auf dem Berg liegt* (Matthäus 5,14). Die Gemeinde soll jetzt so leben, wie Gott es von allen wünscht. Die Gemeinde soll Gottes Absicht für die gesamte Welt vorführen. Die Gemeinde ist eine „Vorschau-Gemeinschaft".[7] Sie soll eine sichtbare Gemeinschaft bilden – ein „Zeichen und Vorgeschmack der göttlichen Herrschaft von Gerechtigkeit, Freiheit und Liebe."[8] Der Theologe John Howard Yoder drückte es so aus: Die Gemeinde lebt ihr Leben „vor den Augen der Welt".[9]

Im September und Oktober 2004, zehn Jahre nach den Massakern in Ruanda, tagte die Arbeitsgruppe Versöhnung des Lausanner Komitees für Weltevangelisation in Pattaya/Thailand. Ihre Botschaft an die Kirchen weltweit war tiefgreifend:

„Die Gemeinde selbst sollte ein Schlüsselindikator der Hoffnung sein, eine lebendige Alternative, die den sozialen Bereich belebt und mit einer radikaleren Vorstellung von Gottes Versöhnung herausfordert. Es gibt Beispiele von Gemeinden, die eine Alternative vorleben: über anhaltende Trennungen hinweg bauen Christen heilige Freundschaften auf, bieten Gastfreundschaft an, teilen Mahlzeiten, beten und lesen gemeinsam die Schrift, feiern das heilige Abendmahl, bekennen und vergeben einander und lassen sich gemeinsam senden. Christen verlernen Angewohnheiten, die Überlegenheit, Minderwertigkeit und Trennung verkörpern. Sie feiern gemeinsam, loben und beten Gott an, während sie am Schmerz der Welt teilhaben und auf den *Schalom* hinarbeiten. Sie befreien christliche Einrichtungen von Diskriminierung und dem ungerechten Verbrauch der Ressourcen. Sie zeigen eine bemerkenswerte Freude inmitten schwerer Aufgaben. Sie heiraten über ethnische Grenzen und Grenzziehungen hinweg und ihre gemischten Familien werden ein Anzeichen der neuen Gemeinschaft. Im Mittelpunkt des alternativen Zeugnisses der Kirche stehen die Entstehung und das Fortbestehen gemischter Gemeinden, in denen historisch getrennte Völker tief ihr gemeinsames Leben teilen."[10]

Manchen wird die Vorstellung von einer Gemeinde als Kultur des Friedens ärgern

Manchen wird das missfallen, was sie zu sehen bekommen. Manche Nichtchristen betrachten alle Christen als schwachsinnig und romantisch. Sie werden das Evangelium des Friedens als unrealistisch verwerfen.

Manche Christen werden genauso unbeeindruckt sein. „Das Evangelium des Friedens" – das kann doch keine angemessene Auslegung der Bibel sein! Manche Christen haben einen tiefen und unreflektierten Sinn für die emotionale Identifikation mit der eigenen Nation. Im Vergleich hierzu bleibt ihre Identifikation mit Jesus Christus und seinem globalen Körper theoretisch und gefühlsmäßig lau. Aus diesem Grunde werden sich manche Menschen, Christen wie Nichtchristen, niemals einer Gemeinde anschließen, die zu einer Kultur des Friedens wird, so lange Gott ihnen nicht ein besonderes Erlebnis beschert, das ihre Sympathien und Reflexe verändert.

Wenn wir damit beginnen, das Evangelium konsequent auf alle Lebensbereiche anzuwenden, können wir auch Schwierigkeiten in unserer eigenen Gemeinde bekommen. Manche Gemeindeglieder könnten über neue Aspekte der guten Nachricht Jesu entsetzt sein, die Gemeinde verlassen und sich einer anderen christlichen Tradition anschließen, in der der Friede nicht auf der Tagesordnung steht.

Missionare waren eher zurückhaltend darin,
die Friedensfrage anzusprechen

Sollten wir also, um unsere Mitglieder zu behalten oder neue zu gewinnen, aufhören, über Frieden zu reden? Missionare aus Friedenskirchen haben das Thema Frieden gelegentlich – selbst in konfliktgeladenen Situationen – im Zentrum ihrer evangelistischen Aktivitäten behalten.[11] Doch oftmals haben sie es auch auf das Private reduziert. Sie haben Gottes Sehnsucht nach Versöhnung mit dem einzelnen Sünder, dem vergeben ist, in den Vordergrund gestellt. Das nannten sie dann den Kern des Evangeliums. Andere Aspekte von Frieden und Versöhnung betrachteten sie als zweitrangig, Randerscheinungen, Beigaben, sicherlich wünschenswert, doch weniger bedeutend als das „eigentliche" Evangelium.

Manchmal waren Missionare, deren Kirchen Frieden betonen, aufgrund der Haltung ihrer Kirche zur Kriegsfrage in Verlegenheit oder sie hatten Angst, die Friedensfrage könnte potentielle Bekehrte abstoßen.[12] Das ist verständlich: Der biblische Zugang zu vielen Fragen, auch was Gewalt und Auseinandersetzung betrifft, wird als „blanker Unsinn" empfunden, der dem gesunden Menschenverstand widerspricht. Dennoch, die biblischen Verfasser schreiben von *Gottes Kraft und Gottes Weisheit* (1. Korinther 1,21–24).

In Apostelgeschichte 10 haben Petrus und Kornelius gemeinsam die überraschende Bedeutung der „guten Nachricht des Friedens" entdeckt, die Jesus gebracht hat. Zur Verblüffung von Petrus führte dies dazu, dass Juden und Heiden, die Reinen und Unreinen, die Unterdrückten und die Unterdrücker, zu Brüdern und Schwestern wurden. Sie wurden eins in der Taufe und im Heiligen Geist. Die Geschichte von Apostelgeschichte 10 zeigt uns, wie das Evangelium des Friedens die übliche Sicht auf die Welt unterminiert und über den Haufen wirft. Sie zeigt uns auch, dass Mission und Frieden synergetische Effekte auslösen.

Als sich die Mitgliederversammlung der Mennonitischen Weltkonferenz im Jahr 2000 in Guatemala versammelte, interessierte ich (Paulus) mich für das Gespräch über Weltmission. Es war ein interessantes Phänomen: Wenn die weniger wohlhabenden Christen sprachen, war offensichtlich, dass es für sie keine Trennung zwischen Frieden und Mission gab. Thematisch konnten sie sich mühelos zwischen diesen Bereichen hin und her bewegen. In einem Atemzug konnten sie die Mission der Kirche sowie Rassismus, Straßenkinder, Hunger, Prostitution und Krieg erwähnen. In den Herzen dieser Menschen bestand keine Trennung zwischen Seele und Körper. Für sie wendet sich das Evangelium Jesu Christi gleichermaßen an Körper und Seele.

Wenn die wohlhabenderen Christen sprachen, implizierten sie einen Widerspruch zwischen Mission und Frieden, als ob sich die beiden als Feinde gegenüberstünden. Die Frage liegt also auf der Hand: Woher stammt die Trennung zwischen Mission und Frieden? Kommt sie aus dem Evangelium oder entstammt sie der Denkweise der Wohlhabenden?

Wenn Missionare den Frieden weglassen, enthalten sie Neubekehrten etwas vor. Die Folgen davon können entsetzlich sein. Sehen wir nach Ruanda, „eines der am meisten evangelisierten Länder Afrikas". Es ist in der Tat berühmt, allerdings nicht wegen seines Glaubens, sondern wegen seiner Massaker. Im Verlauf von drei Monaten wurden 1994 ungefähr 800 000 Menschen umgebracht. „Es wurde Mann gegen Mann gekämpft, im Nahkampf, unvorstellbar, so blutrünstig, dass die, denen es gelang, zu entkommen, stumm und mit leeren Augen zurückblieben."[13]

Wie konnten Christen anderen Menschen – selbst anderen Christen – so etwas antun? Hatte ihr Verhalten mit dem Versagen vieler Missionare zu tun, das Evangelium des Friedens zu verkünden und zu lehren, dass in Christus Einheit zwischen den Angehörigen verschiedener Stämme besteht? Aber es gibt auch eine andere Geschichte aus Ruanda, nämlich die der ostafrikanischen Erweckungsbewegung *(East African Revival Fellowship),* deren Teilnehmer, Afrikaner wie Westler, die tiefgründige Bedeutung der „Liebe Golgathas für alle, vor allem die, die dich verfolgen", entdeckten. Bei den Massakern zwischen den Stämmen waren es oftmals diese erweckten Brüder, die als erste angegriffen wurden, etwa 50 000 von ihnen kamen dabei um. Der Missionstheologe David W. Shenk berichtet:

> Diese Leute „hassten und töteten niemanden. Sie waren das Volk des Lammes, Jesus, der selbst bei seiner Kreuzigung seinen Feinden vergab. Das Zeugnis dieser Christen, die die Vergebung Jesu Christi gelebt und verkündigt haben, besagt, dass der Weg Jesu die einzige wahre Hoffnung für die Heilung Ruandas ist."[14]

Deshalb hat die Arbeitsgruppe Versöhnung des Lausanner Komitees für Weltevangelisation als die erste von sieben „Schlussfolgerungen und Empfehlungen" folgendes festgehalten: Christliche Gemeinden sollten

> „sich eine biblisch ganzheitliche Versöhnung als Kern des Evangeliums, des christlichen Lebens und der Mission im 21. Jahrhundert zu eigen machen, und ebenso als Bestandteil von Evangelisation und Gerechtigkeit."[15]

Jesus und Zahlen

Der Evangelist Lukas berichtet einmal davon, wie Jesus sich an „eine große Menschenmenge" wandte, die ihn begleitete (Lukas 14,25–27):

Wenn einer mit mir gehen will, so muss ich für ihn wichtiger sein als seine Eltern, seine Frau, seine Kinder, seine Geschwister, ja wichtiger als das eigene Leben. Sonst kann er nicht mein Jünger sein. Wer nicht bereit ist, sein Kreuz auf sich zu nehmen und mir nachzufolgen, der kann nicht zu mir gehören.

Jesus hat der Menge nicht nach dem Mund geredet; es ging ihm nicht darum, eine möglichst große Bewegung zu schaffen. Er erzählte ihnen lieber das, was sie nötig hatten. Jesus liebte die Menschen und wünschte sich, dass sie ihm folgten. Doch die Echtheit ihres Lebens war ihm wichtiger als Zahlen.

In einer ähnlichen Stelle im Johannesevangelium gab Jesus seinen Jüngern etwas mit auf den Weg, das sie stark beunruhigte. Sie erwiderten: „Das ist eine Zumutung! Wer will sich so etwas anhören?" Darum *wandten sich viele, die ihm gefolgt waren, von*

Jesus ab und gingen nicht mehr mit ihm. Wie reagierte Jesus darauf? Hat er seine unbequeme Botschaft fallen gelassen? Johannes berichtet, dass Jesus seine engsten zwölf Jünger fragte: *Wollt ihr auch weggehen und mich verlassen?* Die Reaktion von Petrus kam von Herzen: *Herr, zu wem sollten wir denn gehen? Nur deine Worte schenken ewiges Leben. Wir glauben und haben erkannt, dass du von Gott kommst und zu Gott gehörst* (Johannes 6,60ff).

Von Jesus und seinen ersten Jüngern können wir lernen, dass zahlenmäßiges Wachstum wichtig ist. Gott will, dass alle gerettet werden (1. Timotheus 2,4). Und Jesus will, dass seine Jünger ihm dabei helfen, die Verlorenen zu suchen (Lukas 15,3–7). Aber die Menschen werden das Leben nicht finden, wenn sie seine Lehre nicht beherzigen, denn *nur deine Worte schenken ewiges Leben* (Johannes 6,68).

Der renommierte englische Theologe John Stott hat immer wieder seine Sorge über den gegenwärtigen Zustand der weltweiten Kirche zum Ausdruck gebracht: „Eins der größten Probleme der heutigen Kirche ist Wachstum ohne Tiefgang."[16] Die Arbeitsgruppe Versöhnung des Lausanner Komitees für Weltevangelisation hat kürzlich mehrere „Ablenkungsideologien" identifiziert, die Christen zurückweisen müssten. Diese Ideologien halten die Kirche von ihrer wahren Mission ab. Eine dieser Ideologien lautet:

> *„Die Zahlen von Bekehrungen oder Gemeindegründungen als wichtigste Messlatte für das Wachstum der Christenheit zu nehmen,* was Gemeinden oder Werken erlaubt, mit oberflächlicher Jüngerschaft, übermäßiger Homogenität oder durch Arten zu wachsen, die Spaltung und Entfremdung verfestigen. Diese faktische Duldung vermeintlich vorgegebener Grenzen und abgeschotteter Existenzen, die sich auf ‚Leute wie wir' beschränken, akzeptiert fälschlicherweise die Kluft zwischen einander entfremdeten Gruppen und macht uns unfähig zur Selbstkritik."[17]

Weiter schreibt die Arbeitsgruppe Versöhnung:

> „In viel zu vielen Fällen sind Christen in destruktiven Streit verwickelt, der weite Teile der Erweckungs- und Gemeindegrün-

dungsbewegungen erfasst hat. Es ist der Kirche nicht gelungen, selbstkritisch oder wachsam genug zu sein oder die Frage ernsthaft zu beantworten: ‚Wie kam es dazu und wo haben Christen versagt?'"[18]

Lasst uns deshalb vertrauens- und hoffnungsvoll den Menschen Jesus und seinen Weg zum Frieden vorstellen. Jesus ist die gute Nachricht, und zwar nicht, wenn wir ihn redigieren, glätten und beschönigen, sondern wenn wir ihn so nehmen, wie ihn die neutestamentlichen Evangelisten darstellen. Lasst uns ihm folgen und ihn der Welt anbieten – auch mit seinen schwerverdaulichen Aussagen. Gott selbst wird sich um die Zahlen kümmern.

Gemeinden, die Kulturen des Friedens sind, ziehen Menschen an

Das Evangelium des Friedens ist Evangelium. Es ist eine gute Nachricht! Es verändert die Menschen auf lebenspendende Weise. Weltweit fühlen sich Menschen von Friedenskirchen angezogen, weil Jesus der Weg, die Wahrheit und das Leben ist (Johannes 14,6). Sein Weg, im Gegensatz zu den vorherrschenden Werten unserer Tage, verspricht ein Leben in Fülle.

In jeder Gemeinde, die zu einer Kultur des Friedens wird, wird es Geschichten von Menschen geben, die zum Glauben an Jesus Christus gekommen sind, weil seine Nachricht gut ist und er Menschen von vielen Fesseln befreit, auch die Fesseln von Ungerechtigkeit und Gewalt. Sind Menschen „in Christus", dann sind sie wahrlich frei.

In jeder Gemeinde, die zu einer Kultur des Friedens wird, gibt es Geschichten von Menschen, die sich ihr deswegen angeschlossen haben, weil sie das Evangelium des Friedens ernst nimmt und bemüht ist, entsprechend zu leben. Manchmal sind das Menschen, die Jesus anziehend gefunden haben, aber ihre Zweifel bezüglich der christlichen Kirche hatten, die mitschuldig an Gewalt und Ungerechtigkeit zu sein scheint. Oftmals haben diese Menschen eine tiefe Sehnsucht nach einem authentischen und stimmigen Leben. Jesus und sein Weg des Friedens leuchten ihnen in einer

Art und Weise ein, so dass die vorherrschende Kultur und die Werte anderer Religionen nicht mehr überzeugen.

Arthur Paul Boers war 16 Jahre lang Pastor in Kanada. Vor kurzem meinte er: „In jeder Gemeinde, wo ich Pastor war, war es genau unsere Hingabe an das Evangelium, das Hochhalten von Gottes Prioritäten von Frieden und Gerechtigkeit auf Erden wie im Himmel, was die Menschen kommen ließ."[19]

Die Anziehungskraft von Jesus dem Friedefürst und von Gemeinden, die dem Frieden verpflichtet sind, lässt sich weltweit beobachten. Das ist ein Grund dafür, warum die wachsende weltweite täuferische Glaubensfamilie in zunehmendem Maße ihre Identität als Friedenskirche findet.[20]

Das Evangelium des Friedens zeigt Wirkung im Leben der Menschen. Es lohnt sich, es weiterzugeben. Mehr noch, wir sind selbstsüchtig, wenn wir es für uns behalten. Jesus hat uns Wahrheit geschenkt, die wir weitergeben sollen. Es ist eine Wahrheit, die lebbar ist; sie funktioniert im wirklichen Leben. Wir haben den Auftrag, in unseren Gemeinden, Freundschaften, in Beruf und Familie zu zeigen, dass das Evangelium des Friedens anwendbar ist.

Es ist, im Gegensatz zum Weg der Welt, ein Weg der Weisheit. *Wenn ein Wolkenbruch niedergeht, das Hochwasser steigt und der Sturm am Haus rüttelt,* werden andere Häuser zusammenstürzen. Doch das Haus, das auf Jesus und seiner Lehre gebaut ist, wird bestehen bleiben (Matthäus 7,24–27). Wir haben das Vorrecht, Menschen zu Jesus und seinem Weg der Weisheit und Wahrheit anzuziehen und einzuladen, so dass sie gemeinsam mit uns erfülltes Leben genießen.

Jesus ist die Hauptattraktion der Kirche

In vielen Teilen der Welt gibt es Menschen, die die christliche Kirche für eine schlechte Nachricht halten: Christsein sei vorhersagbar, risikoscheu und langweilig. Viele Menschen bringen die Kirche in Verbindung mit Gewalt, den Kreuzzügen im Mittelalter, den Glaubenskriegen im frühen modernen Europa, den „Problemen" zwischen Protestanten und Katholiken in Nordirland, dem Irak-Krieg des 21. Jahrhunderts. Die christliche Kirche muss der Tatsache ins Auge sehen: Weltweit lehnen Menschen das Christentum aufgrund der schrecklichen Beteiligung von Christen an Gewalt ab.

Christen haben Jesus angebetet, ohne seine Aussagen zu beachten. Am Ende der Bergpredigt brachte Jesus seine Sorge zum Ausdruck, dass die Menschen ihn „Herr" nennen und dabei seine Lehre übergehen würden (Matthäus 7,21). In der Geschichte des Christentums hat sich diese Sorge Jesu leider immer wieder als berechtigt erwiesen. Deshalb sollte die Stoßrichtung christlicher Leiter heute in zahlreichen Zusammenhängen nicht nach außen zielen, sondern nach innen. Dallas Willard, dessen Bücher über geistliches Leben große Wertschätzung erfahren, nennt das *inreach* statt *outreach* und schreibt, man müsse die Menschen darin anleiten, „eindeutig zu verstehen, was es heißt, ein Nachfolger Jesu zu sein und alle Lebensbereiche darauf auszurichten. Wenn sie dann danach gefragt werden, wer sie seien, wird die erste umgehende Antwort lauten: ‚Ich bin ein Lehrling Jesu Christi.'"[21]

Eine solche Sendung nach innen, wo Christen ganz neu Lehrlinge Jesu werden, könnte entscheidende Auswirkungen auf die weltweite Kirche haben. In vielen Teilen der Welt sind die Menschen von Jesus fasziniert. Er ist eine gewinnende Persönlichkeit, seine Geschichte ist unwiderstehlich, seine Lehre leuchtet ein. Und wenn Menschen Christen kennenlernen, die Jesus lieben und seine Lehre so ernstnehmen, dass sie sie auf alle Lebensbereiche anwenden, dann sind sie verdutzt und begeistert, fühlen sich davon anzogen. Ihr Weg zum Glauben ist nicht immer schnell. Doch wenn sie Glaubensgemeinschaften kennenlernen, die den Weg Jesu verkörpern; wenn sie Gemeinden sehen, die zu Kulturen des Friedens werden, dann sind sie bereit, ernsthaft zu überlegen, ihr eigenes Leben dem zu geben, der sein Leben für sie gegeben hat.

Denken wir zum Schluss an die Versuchung Jesu in der Wüste (Matthäus 4,1–11). Im Bericht über seine Taufe (Matthäus 3,16–

17), die den Versuchungen vorausgeht, wird Jesus als „Sohn Gottes" eingeführt. Die Frage hinter den Prüfungen in der Wüste lautet: „Mit welcher Begründung kann sich Jesus als Sohn Gottes bezeichnen?" Deshalb prüft ihn der Teufel wiederholt mit der Frage: *„Wenn* du Gottes Sohn bist ..." (Matthäus 4,3.6). Satan stellt die Legitimität der himmlischen Stimme in Frage, die von Jesus sagte: *Dies ist mein geliebter Sohn, der meine ganze Freude ist.* Satan fordert Jesus heraus, zu beweisen, dass er tatsächlich der Sohn Gottes ist.

Doch welche Art von Beweisführung verlangt der Teufel von Jesus? Er fordert *Machterweise:* Steine in Brot verwandeln, sich vom Tempel hinabstürzen, sich aller irdischen Königtümer und ihrer Reichtümer bemächtigen. Das ist die Art von Legitimation, die die Welt am besten kennt: Wenn du einen bestimmten Titel beanspruchst, dann musst du auch die entsprechende Machtfülle vorweisen.

Doch Jesus lehnt es ab, seine „Sohnschaft" durch einen Machterweis unter Beweis zu stellen. Jesus weiß, dass es nicht Macht, sondern Geist ist, was seine göttliche Sohnschaft legitimiert und offenbart. Dieser Geist belebt die Seligpreisungen und durchzieht seine Bergpredigt (Matthäus 5–7) – der Geist der Sohnschaft.

Wer sind in der siebten Seligpreisung Jesu die Kinder Gottes? Nicht jene, die Gewalt anwenden, sondern die Friedensstifter (Matthäus 5,9).

Jesus sagt uns: Der Weg, der zum Leben führt, ist schmal. Er kann mühevoll sein, und viele werden ihn verfehlen (Matthäus 7,14). Aber wir Christen können voller Freude bestätigen: Der Weg des Friedens ist der Weg des Lebens. Er ist das Geschenk Jesu, der gekommen ist, um uns das Leben zu bringen, *und dies im Überfluss* (Johannes 10,10). Wir haben dankbar festgestellt, dass Jesus unser Leben verwandelt hat. Er hat die Art, wie wir leben, denken und arbeiten, verändert. Er ist gut. Er ist authentisch. Er ist anziehend. Und die Menschen wollen sich ihm auf dem Weg des Friedens anschließen.

Anmerkungen

1. Bericht an den Rat für Frieden der Mennonitischen Weltkonferenz von CIEMN (Nicaragua), 2003.
2. Arbeitstext des Warwick District Council, „Criteria for Membership in Tidewater Area Mennonite Churches", 21. Januar 1991; „Response to Issues Raised by Norfolk and Warwick Districts," Faith and Life Commission, Virginia Mennonite Conference, 1. April 1995; Steve Fannin, „Must Churches Exclude Warriors?", *Mennonite Weekly Review*, 30. März 1995, 1–2; „Understandings for Staff Persons and Oversight Committee/Board, Alternatives to Military Career Program in Tidewater, Virginia," 19. März 2000. Danke an Gordon D. Zook!
3. *Traditio Apostolica* [Hippolytus zugeschrieben], 16.9, „Ein Soldat in verantwortlicher Stellung darf niemanden töten. Wenn es ihm befohlen wird, soll er sich dem Auftrag entziehen. Er soll auch keinen Eid schwören. Wenn er zu keiner Verweigerung bereit ist, lasst ihn hinausgewiesen [als Taufkandidat abgelehnt] werden." Das Schreiben verbietet Katecheten und Gläubigen, sich einer Armee anzuschließen: „Ein Katechet oder gläubiger Mensch, der Soldat werden möchte, lasst ihn hinausweisen, denn er hat Gott verachtet." Paul F. Bradshaw, Maxwell E. Johnson, L. Edward Phillips (Hrsg.), *Apostolic Tradition – A Commentary* (Minneapolis, Fortress Press, 2002), 90.
4. Lois Y. Barrett (Hrsg.), *Treasure in Clay Jars – Patterns in Missional Faithfulness* (Grand Rapids, Eerdmans, 2004), 49, 82.
5. Ronald J. Sider, Philip N. Olson und Heidi Rolland Unruh, *Churches That Make a Difference* (Grand Rapids, Baker Books, 2002); Mark R. Gornik, *To Live in Peace – Biblical Faith and the Changing Inner City* (Grand Rapids, Eerdmans, 2002).
6. Robert Warren, *Being Human, Being Church* (London, Marshall Pickering, 1995), 154.
7. Darrell R. Guder, *Missional Church – A Vision for the Sending of the Church in North America* (Grand Rapids, Eerdmans, 1998), 108.
8. Barrett, *Treasure*, 85.
9. John Howard Yoder, *Body Politics – Five Practices of the Christian Community Before the Watching World* (Scottdale, PA, Herald Press), 2001.
10. *Reconciliation as the Mission of God – Faithful Christian Witness in a World of Destructive Conflicts and Divisions, Issue Group on Reconciliation* (47 christliche Leiter [einschließlich Paulus S. Widjaja] aus 21 Ländern), eine von 31 Arbeitsgruppen unter dem Dach

des Lausanner Komitees für Weltevangelisation, Pattaya, Thailand, September/Oktober 2004, verabschiedet im Januar 2005, Abschnitt III; erhältlich bei www.reconciliationnetwork.com.

11 Ein Beispiel fundierter missionarischer Reflexion und Praxis in islamischer Kultur findet sich bei: Gordon Nickel, *Peaceable Witness Among Muslims* (Scottdale, PA, Herald Press, 1999). Bemerkenswert ist auch: Badru D. Kateregga und David W. Shenk, *Woran ich glaube – Ein Muslim und ein Christ im Gespräch* (Neufeld Verlag, Schwarzenfeld 2005).

12 Robert L. Ramseyer, „Mennonite Missions and the Christian Peace Witness". In idem, Hrsg., *Mission and the Peace Witness* (Scottdale, PA, Herald Press, 1979), 114–135.

13 Miroslav Volf, „A Vision of Embrace – Theological Perspectives on Cultural Identity and Conflict", in: *Ecumenical Review* 47.2 (1995), 195; idem, „The Social Meaning of Reconciliation", in: *Interpretation* 54.2 (2000), 158.

14 David W. Shenk, *Justice, Reconciliation and Peace in Africa* (Nairobi, Uzima, 1997), 134–136.

15 *Reconciliation as the Mission of God* (siehe Anmerkung 10), Abschnitt IV, Abschluss und Empfehlung 1.

16 Bei öffentlichen Referaten nennt John Stott dies eine Begründung für die Langham Ministries, die er selbst ins Leben rief. E-Mail von Chris Wright an Paulus Widjaja, 31. Mai 2005.

17 *Reconciliation as the Mission of God* (siehe Anmerkung 10), Abschnitt II (kursiv im Original). Dieses Schreiben war von einer Fußnote begleitet: „In Südafrika z. B. war das ‚Prinzip der homogenen Einheit' auch beliebt unter Christen, die für die Apartheid eintraten. In Indien haben Vertreter des Gemeindewachstums Kastenspaltung stillschweigend geduldet; in den USA ist das gleiche passiert bezüglich der rassischen und ethnischen Aufspaltungen."

18 Ibid., Abschnitt II.

19 Arthur Paul Boers, „Pastors, Prophets, and Patriotism – Leading Pastorally during these Times", in: Wes Avram (Hrsg.), *Anxious About Empire – Theological Essays on the New Global Realities* (Grand Rapids, Brazos, 2004), 167.

20 Judy Zimmerman Herr, „Perspective, Professional Peacemakers", in: *Courier*, 19.3 (2004), 16.

21 Dallas Willard, *The Divine Conspiracy – Rediscovering Our Hidden Life in God* (San Francisco, Harper San Francisco, 1998), 244.

Anhang 1

Einig und uneinig ... in Liebe!

Als Gemeinde Jesu konstruktiv mit Konflikten umgehen
Anregungen für eine freiwillige Selbstverpflichtung. Sie kann/soll in der Gemeinde besprochen und als grundlegende Verfahrensregel beschlossen werden.

Allgemeine Feststellungen

- Differenzen und Konflikte sind in unserem Leben als Einzelne und als Gemeinde normal. Sie sind an sich noch kein Zeichen oder Ergebnis von Sünde. Sündhaft werden sie dann, wenn wir destruktiv, verletzend oder gewalttätig reagieren. Anders gesagt: Konflikte sind schöpfungsbedingt (wir wurden geschaffen als Individuen, die unterschiedliche Interessen und Persönlichkeit haben), aber der Umgang mit ihnen ist erlösungsbedürftig.

- Christen sind dazu berufen, Einheit in der Verschiedenheit zu leben.

- Eine konfliktunfähige Gemeinde untergräbt ihr Zeugnis von Jesus Christus.

- Die Bibel enthält viele Hinweise, wie wir mit Differenzen und Konflikten umgehen sollen.

- Gott offenbart sich mitten in Konflikten. Sie sind ein Übungsfeld, um von Jesus zu lernen, sich durch den Heiligen Geist leiten und verändern zu lassen, zu wachsen und Frucht (Galater 5,22) zu bringen.

Der Ausgangspunkt

- Gemeinde Jesu ist eine Einheit und hat viele verschiedene zusammengehörige Glieder ...

> *Vergesst nicht, dass ich für den Herrn im Gefängnis bin. Als sein Gefangener bitte ich euch: Lebt so, wie Gott es von denen erwartet, die er zu seinen Kindern berufen hat. Überhebt euch nicht über andere, seid freundlich und geduldig! Geht in Liebe aufeinander ein! Setzt alles daran, dass die Einheit, wie sie der Geist Gottes schenkt, bestehen bleibt durch den Frieden, der euch verbindet. Gott hat uns in seine Gemeinde berufen. Darum sind wir ein Leib. In uns wirkt ein Geist, und uns erfüllt ein und dieselbe Hoffnung. Wir haben einen Herrn, einen Glauben und eine Taufe. Und wir haben einen Gott. Er ist der Vater, der über uns allen steht, der durch uns alle und in uns allen wirkt* (Epheser 4,1–6).

- ... die füreinander verantwortlich sind.

> *Haltet an dieser Hoffnung fest, zu der wir uns bekennen, und lasst euch durch nichts davon abbringen. Ihr könnt euch felsenfest auf sie verlassen, weil Gott sein Wort hält. Lasst uns aufeinander achten! Wir wollen uns zu gegenseitiger Liebe ermutigen und einander anspornen, Gutes zu tun. Versäumt nicht die Zusammenkünfte eurer Gemeinde, wie es sich einige angewöhnt haben. Ermahnt euch gegenseitig dabeizubleiben. Ihr seht ja, dass der Tag nahe ist, an dem der Herr kommt* (Hebräer 10,23–25).

- Konflikte sind jeder Mühe wert, denn sie sind ein Schauplatz, auf dem sich Gott offenbaren und neue Wege zeigen will.

> *Und Gott, der jedem von uns ins Herz sieht, hat sich zu ihnen bekannt, als er den Nichtjuden genauso wie uns den Heiligen Geist gab* (Apostelgeschichte 15,8).

Daran wollen wir denken

- Dass Konflikte normal sind, auch in der Gemeinde.
- Den Konflikt anzunehmen und nicht so tun, als ob nichts wäre (Galater 5,13–15; Jakobus 3,2–9; 4,1).
- An der Hoffnung festzuhalten.
- Mit Gottes Hilfe Meinungsverschiedenheiten auszutragen und Konflikte durchzuarbeiten, um das zu sein und zu werden, was wir sind (Epheser 4,1–5 [6–13]; 15–16).

- Füreinander zu beten.
- Einander unsere Anliegen und Sünden einzugestehen und füreinander zu beten. Nicht um den anderen zu ändern, sondern um selbst und miteinander verändert zu werden (Jakobus 5,16).

Das soll unser Verhalten sein:
- *Hingehen und direkt mit dem Anderen reden* ... Nicht (schlecht) übereinander, sondern (offen) miteinander reden, aufeinander hören und wieder eine gute Beziehung gewinnen wollen (Matthäus 5,23–24; 18,15–20).
- *... in demütiger Haltung.* Nicht mit dem Finger auf andere zeigen. Achtung und Respekt nicht versagen. Das Problem von der Person trennen (Galater 6,1–5; Philipper 2,1–11).
- *Die Wahrheit in Liebe sagen.* Wahrhaftig sein und bleiben, liebevolle Wahrhaftigkeit. Irrlehre, Sünde, Fehlverhalten sind keine Privatsache, sondern eine Frage des Zeugnisses der ganzen Gemeinde. Das muss in Treue zu sich selbst und in Respekt vor dem Anderen gesagt werden (Epheser 4,15).
- *Gut zuhören.* Jeder will gehört werden. Sorgfältig, bereitwillig hinhören. Sich vergewissern, ob ich verstanden habe, bevor ich antworte. Sich bemühen, den Anderen zu verstehen (Jakobus 1,19; Sprüche 18,13).
- *Sich immer wieder dem Richten und Verurteilen (wollen) widersetzen.* Eigene Voreingenommenheit wahrnehmen, Schubladen-Denken aufgeben/vermeiden. Andere nicht festlegen/verurteilen, sich um Selbsterkenntnis bemühen, die eigenen Motive und Interessen erkennen wollen und eingestehen. Kritiksucht und Kontra-Haltung überwinden, auf Drohungen, Vergeltung oder Gegenschlag verzichten (Matthäus 7,1–5; Markus 4,24; Römer 2,1–4; Galater 5,26).

- *Bereitwillig verbindliche (verbindende) Übereinkunft suchen.* Sich in Unstimmigkeiten konstruktiv verhalten und das Gemeinsame/die Gemeinschaft suchen.

  Mit der Leitung des Heiligen Geistes rechnen (Apostelgeschichte 15).

- Konfliktpunkte, Interessen und Bedürfnisse aller Seiten klar herausarbeiten.

- Unterschiedliche Möglichkeiten herausfinden und aufzeigen, in denen die Bedürfnisse und Interessen beider Seiten berücksichtigt sind (anstatt seinen eigenen Weg zu verteidigen/durchsetzen zu wollen).

- Die Möglichkeiten danach bewerten, wie sie die Bedürfnisse berücksichtigen und die Interessen aller Seiten befriedigen (einseitige Akzente sind nicht akzeptabel).

- Die Lösung gemeinsam erarbeiten (beide Seiten wachsen und gewinnen).

- An der entstehenden Übereinkunft mitwirken (das Mögliche annehmen, kein Ideal einfordern).

- Einander Anerkennung zeigen für jeden Schritt nach vorne, der auf eine Übereinkunft zugeht (Gemeinsamkeiten feiern).

- Die getroffene Entscheidung eindeutig formulieren, für alle klar dokumentieren und umsetzen.

Dieser Haltung wollen wir nachkommen:
- *Beharrlich in der Liebe sein und festhalten an der Gemeinschaft.* Engagiert eine gemeinsame Lösung finden zu wollen; Beharrlich festhalten an dem, der uns miteinander zu einer Gemeinschaft (Leib) verbindet: Jesus Christus (Kolosser 3,12–15).

- *Hilfe in Anspruch nehmen.* Wenn wir allein keine Lösung finden, wollen wir die Hilfe und Kompetenz von Geschwistern suchen und annehmen (Matthäus 18,15–20).
- *Der Gemeinde, dem Leib Jesu, vertrauen.* Der Heilige Geist wirkt auch bei Entscheidungsfindungen durch die und in der Gemeinde.

Wenn wir im direkten persönlichen Gespräch keine Übereinkunft erreichen, erweitern wir den Kreis, um mit Hilfe von anderen, eventuell auch von außerhalb, eine Lösung zu finden.

- *Vermittlung – Mediation* (Philipper 4,1–3; Matthäus 18,16–20; Apostelgeschichte 15).
- *Schiedsspruch durch Geschwister* (1. Korinther 6,1–6).
- *Im Fall einer Trennung* wollen wir das Beste für den Anderen suchen, im Frieden auseinandergehen und den Anderen segnen (1. Mose 13,1–13).
- *Festhalten daran, dass Gemeinde „unter allen Umständen" Leib Jesu ist* (1. Petrus 2,3–5; 1. Korinter 3,16).

Schlussbemerkung

Diese Leitlinien sollen dazu anregen, unserem Versöhnungsauftrag auch innerhalb unserer Gemeinde nachzukommen und diesen zu gestalten.

Ein Konflikt bringt häufig Trauerarbeit mit sich oder kann, in besonderen Fällen, auch juristische Konsequenzen haben. Diese Leitlinien können solche Prozesse nicht ersetzen.

Gemeinden tun gut daran, von Zeit zu Zeit Seminare zum Thema für alle abzuhalten. Hilfreich ist es, das Thema Versöhnung und Frieden immer wieder auch biblisch in der Gemeinde zu erarbeiten.

Wichtig ist es außerdem, die Begabung einzelner Gemeindeglieder in Mediations- und Konfliktlösungskursen zu fördern, vielleicht ein Team von zwei, drei Leuten zu bilden und sie gezielt zu solchem Dienst in der Gemeinde zu beauftragen.

In einem stark eskalierten Konflikt ist helfende Begleitung von außen erforderlich.

Weitere Informationen, Hilfen und Beratung zum Thema:

- Ausbildungs- und Tagungszentrum Bienenberg,
  CH-4410 Liestal, E-Mail info@bienenberg.ch,
  www.bienenberg.ch

- Bund Evangelisch-Freikirchlicher Gemeinden in Deutschland,
  Dienstbereich Gemeindeentwicklung,
  Pastorin Heike Beiderbeck-Haus,
  Johann-Gerhard-Oncken-Str. 7,
  14641 Wustermark (Ortsteil Elstal),
  E-Mail Gemeindeberatung@baptisten.de,
  www.beratung-von-Gemeinden.de

- Deutsches Mennonitisches Friedenskomitee (DMFK),
  Hauptstraße 1, 69245 Bammental, E-Mail fehr@dmfk.de,
  www.dmfk.de

- Oekumenischer Dienst Schalomdiakonat, Mittelstraße 4,
  34474 Diemelstadt-Wethen, E-Mail info@schalomdiakonat.de

- Haus kirchlicher Dienste der Ev.-luth. Landeskirche
  Hannovers, Arbeitsstelle Friedensarbeit, Archivstraße 3,
  30169 Hannover, E-Mail burckhardt@kirchliche-dienste.de

© *Agreeing and Disagreeing in Love, Commitments for Mennonites in Times of Disagreement*. Ein Dokument der *Mennonite Church USA*, übersetzt und adaptiert von Frieder Boller, Ingolstadt.

Anhang 2
Die Lehre vom gerechten Krieg

Eine Annahme ist für alle Christen bindend: Sie sollten ihren Nächsten keinen Schaden zufügen. Die Behandlung der Feinde dient als Prüfstein für die Frage, ob man den Nächsten liebt. Die Option, auch einem einzigen Menschen das Leben zu nehmen, ist eine Option, „die man nur mit Furcht und Bangen erwägen darf". Aber ein „gerechter" oder „begrenzter" Krieg ist trotz aller Bedenken vertretbar, sofern bestimmte Kriterien über dessen Entstehung und Durchführung erfüllt sind.

1. *Gerechte Begründung:* **Vor Kriegsausbruch**
- Es muss eine *gerechte Begründung* geben, z. B. eine „echte und handfeste Bedrohung", der Schutz unschuldigen Lebens, die Bewahrung notwendiger Lebensbedingungen für eine annehmbare menschliche Existenz, die Sicherung grundsätzlicher Menschenrechte.

- Der Krieg muss von einer *autorisierten Instanz,* nicht etwa von einer privaten Gruppe oder von Einzelnen, ausgerufen werden.

- Die Kriegsparteien müssen die *relative Gerechtigkeit* ihrer Sache anerkennen; kein Staat darf so handeln, als ob er auf Seiten einer „absoluten Gerechtigkeit" stünde.

- Es muss eine *aufrichtige Absicht* bestehen; es darf keine verdeckten Ziele geben.

- Beim Krieg muss es sich um ein *letztes Mittel* handeln, alle friedlichen Alternativen müssen ausgeschöpft sein.

- Es muss *realistische Erfolgsaussichten* geben. Das verhindert einen irrationalen Rückgriff auf Gewalt oder einen aussichtslosen Widerstand.

- Die *Verhältnismäßigkeit der Mittel* ist erforderlich: Das Ausmaß der Zerstörung und die Kosten des Krieges müssen im Verhältnis stehen zum Nutzen, der durch den Rückgriff auf die Waffengewalt zu erwarten ist.

2. *Gerechte Mittel:* Während eines Krieges steht seine Führung unter ständiger Beobachtung

- Die Mittel müssen *sorgfältig gewählt* sein: Das verbietet Angriffe auf Unbeteiligte und nichtmilitärische Ziele. Der „totale Krieg" wird verurteilt.

- Die Mittel müssen *angemessen* sein: Die im Krieg verursachten Schäden müssen in einem annehmbaren Verhältnis zum erwarteten Nutzen stehen.

Basiert auf *The Challenge of Peace, God's Promise and Our Response, A Pastoral Letter on War and Peace,* National Conference of Catholic Bishops, USA (United States Catholic Conference, 1983), Abschnitte 80–110.

Die Autoren

Dr. Alan Kreider ist in Japan aufgewachsen, studierte u. a. in Heidelberg, Princeton und Harvard, verbrachte den Großteil seines Lebens in England und lehrt nun am *Associated Mennonite Biblical Seminary* in Elkhart, Indiana/USA. Er ist verheiratet mit

Eleanor Kreider, die als Kind einer amerikanischen Missionarsfamilie in Indien aufwuchs und u. a. an der *University of Notre Dame* und in London studierte.

Dr. Paulus S. Widjaja promovierte am *Fuller Theological Seminary,* Pasadena, Kalifornien/USA, und leitet das *Center for the Study and Promotion of Peace* an der *Duta Wacana Christian University* in Yogyakarta/Indonesien, dessen Dienste u. a. von Christen, Muslimen und Hindus in Anspruch genommen werden. Außerdem arbeitet er in der Arbeitsgruppe Versöhnung des Lausanner Komitees für Weltevangelisation mit und ist seit 1993 Vorsitzender des Rates für Frieden der Mennonitischen Weltkonferenz.